世界のどこにもない大学

首都大学東京 黒書

都立の大学を考える
都民の会＝編

花伝社

はじめに

「こんな大学はないぞ！　世界には。東京にしかない。
たった一つしかない。それがこの大学なんだ」
——二〇〇五年四月六日、首都大学東京第一回入学式における
石原慎太郎東京都知事の祝辞

京王相模原線南大沢駅を降りてプロムナードを右に向かうと、大学の正門にたどり着く。門の左側には「東京都立大学」、右側には「首都大学東京」の表札が目に入る。校舎の壁には日時計があり、中に入ると以前と変わらないキャンパスのたたずまいがある。

しかし、東京都立大学、短期大学、科学技術大学、保健科学大学の四大学は、二〇〇五年四月一日に「首都大学東京」に統合され、公立大学法人首都大学東京の下に置かれることになった。石原慎太郎東京都知事は新大学の開校にあたって、「こんな大学、世界にないぞ」「これまでの日本にない、まったく新しい大学の実現を」とのメッセージを発した。それから一年半の月日が経過したが、皮肉にもこのメッセージは現在の「首都大学東京」の実相を予言したものになっている。

いま、「首都大学東京」は深刻な危機的状況にある。しかし本当の危機は、今回の「改革」が成功したというイメージで語られ、社会が問題関心を失っていくことの中にこそある。

「首都大学東京」は、いまどうなっているのか。なぜその様な大学に変わってしまったのか。

私たち「都立の大学を考える都民の会」は、東京都による都立の大学「改革」の進め方や、新しい大学のあり方に対して問題関心を持つ都民・市民が集まって、二〇〇三年一一月一日に設立された。

本会はそれ以来、都立四大学の教員・職員・学生・院生はもとより、多くのOB・OG、都立の大学に関心を持つ多くの都民、さらには全国の国公私立の大学関係者と連携して、都立の四大学の「改革」に対してねばり強く運動を進めてきた。

本書は、そうした運動の一環として、開学後一年半を経過した「首都大学東京」の姿をまとめ、この大学が抱える問題を明らかにしようとするものである。作成の過程では、この間出された大量の文書や記録を資料とし、さらに大学関係者や学生に取材して最新の情報を集めたうえで、「都民の会」会員による「黒書」編集チーム計六名が分担で執筆した。このため章ごとにいささか文体のばらつきもあるが、右記の事情に鑑み、ご寛恕いただければ幸いである。資料を提供してくださった方々、貴重な時間を割いて取材に応じてくださった方々に、この場を借りて厚く御礼申し上げる。

なお、第三章については、近現代日本の政治史を専門としつつ、近年は都政の問題についても積極的に研究されている源川真希氏に、また第四章第一節については、一九六四年に都立大学に入学して以来、学生・院生・教員として都立大学の様々な「現場」を見てこられた大串隆吉氏に、それぞれ寄稿をお願いした。

私たちが都立の大学に寄せる期待は大きい。その大学の問題点を明らかにすることは、まことに忍びないことである。しかし、あくまでも事実を冷厳に見つめ、問題を生み出している原因を尋ねることこそが、都立の大学をよいものにしていくために必要なことであると考えている。

この冊子の最後には、「都立の大学はどうあるべきか」というテーマで、私たちの考える「理想の大学像」を提起している。真に都民のための大学、都民本位の都政を望んでおられる多くの方々の、忌憚のないご意見をお願いする次第である。

「都立の大学を考える都民の会」氏家祥夫

目次

第1章　首都大学東京の虚像と実像

第1節　新大学の教育と研究

二〇〇六年六月三〇日、公立大学法人首都大学東京は、「一七年度決算の概要と『大学改革を加速する新たな枠組み』」と題する年次報告書を発表した（以下、「一七年度報告」と略称する）。ここで法人は、成果を自賛して次のように述べている。

「平成一七年度は、基礎ゼミナールをはじめとする新しい基礎・教養教育の開始、学生支援の充実、東京都のシンクタンクとしての重要課題解決への貢献、産業技術大学院大学の開学準備に取り組むとともに、法人化のメリットを活かし、理事長・学長のリーダーシップの下で戦略的な大学運営や経営努力を行いました。」

また、そうした努力の結果、「一七年度決算では節減効果として一七億円の利益を計上」したとしている。平成一七年度、すなわち二〇〇五年度は公立大学法人首都大学東京が発足した年度であり、法人化の効果はいきなり初年度から現れている、というのが報告書の主張である。

「改革」をめぐる二〇〇三年八月一日からの騒動は、まだ記憶に新しい。そこで都庁と大学・都民が争ったのは、都知事の「鶴の一声」によって進められる「改革」のあり方、そしてその「改革」が作ろうとしていたトップダウン型の大学組織の是非であった。しかし、そうした大学として立ち上がった首都大学東京は、法人自身の報告書によれば、理事長・学長のリーダーシップの下で戦略的な大学運営や経営努力を行い、一七億円の利益を上げたという。もしこれが真実だとすれば、結局のところ、「改革」への反対は都知事の言うとおり「反対のための反対」であったと言わなければならないだろう。

本当に、そうなのだろうか？

事業者自身による報告は、もちろん必要であり有用である。しかし評価は、外部の第三者によらなければならない。首都大の「学則」第二条二項にも「本学は、前項の点検及び評価の結果〔自己点検・自己評価を指す〕について、本学の職員以外の者による検証を行なうよう努めるものとする」と書いてある（引用文中の〔　〕は引用者による注。以下同じ）。本当に理事長・学長のリーダーシップは確立されたのか。それは大学の運営にとってどのような意味を持っているのか。「一七億円の利益」が上がったとして、それはいかなる原因によるのか。そして、首都大を含む都立の大学は、いまどうなっているのか。外部のきびしい目を通して検証しなければならない。

では、首都大学東京の教育と研究の実情について、まずは現場の声を聞いてみよう。

1　教育環境

●学生大会の決議

二〇〇五年一二月一六日、首都大学生自治会の二〇〇五年度後期定例学生大会が開催された。この学生大会は、九三一名の参加によって成立した（成立数は八八四名）。最近の大学では希有のことと言ってよい。ここでは首都大初年度の前期と後期を経て浮き彫りになった問題が話し合われ、自治会規約の改定を含む一三項目の決議が挙げられた。この一三項の決議のうち、二つが授業に関することである（残りは、大学が貸し出すパソコンや図書館など施設環境改善に関する決議が四項目、部活動や学園祭など課外活動に関する決議が四項目、規約の改定に関する決議が二項目、グラウンドの整備に関する特別決議が一項目）。

まずはこの二つの決議を手がかりとして、首都大の教育の現状を見ていこう。授業に関する二つの決議は、以下の通りである。

（A）大学案内などで打ち出された大学の特色や、履修の手引きなどで入学時に保障された学習環境の実現を求める。

（B）カリキュラム設定においては、学生の意見を十分に反映するよう求める。

これらは、「当たり前」といえば当たり前の要求である。が、こうした決議が挙げられなければならないというところに、首都大の抱える問題の深刻さが反映されている。

このときの学生大会に提出された議案には、これらの決議（議案提出時には「決議案」）の提案趣旨が説明されており、首都大でどういった問題が生じているのか具体的に知ることができる。なお、ここで指摘されている問題は、学生自治会が学生に対して行なったアンケートによって把握されたものである。

授業に関する問題は、次の七点に整理されている。

① 都市教養プログラムの授業が、他の必修科目（外国語など）や教職科目などと重複している。

② 健康福祉学部の学生は、教養科目（都市教養プログラムの単位を含む）を一年間ですべて履修しなければならなくなっている。

③ 実践的英語教育のレベルが低く、また能力別クラスにする意図が不明になっている。

④ 人文・社会系の必修科目が重複しており、人文・社会系の学生は、専門分野の選択を実質的に一年次に行なわなければならなくなっている。

⑤　昼間の教職科目・専門科目の開講数が減っているため、夜間の授業を受けなければ必要な単位がそろわなくなっている。
⑥　B類〔夜間部〕の授業開講数が減っているため、B類の学生は夜間の授業だけでは卒業できなくなっている。
⑦　教員が減少し、授業開講数が大幅に減少している。

これら七点を内容によって整理すれば、⑴首都大の特色としてアピールされている教育課程に関する問題（①、②、③）、⑵都立大生に対する教育保障の問題（④、⑤、⑥）、⑶教員の流出の問題（⑦）、ということになろう（なお二〇〇五年では、新一年生だけが首都大生、それ以外は都立大学・短期大学・科学技術大学・保健科学大学の学生である。これら旧都立四大学も二〇一〇年度までは首都大と並存する。この点については後に詳述する）。このように、さまざまな問題が各所で噴出しているというのが現状なのである。以下、首都大独自の教育プログラムの紹介も含めて、それぞれの問題について解説する（教員の流出については次節以降で詳述する）。

●専門枠組みをこえて？

まず、①、②、③に名前が見える「都市教養プログラム」と「実践的英語教育」について。

これらはともに首都大の教育課程の「セールスポイント」とされる科目である。

「都市教養プログラム」は、学生に幅広い知識を獲得してもらうために設計された教育課程で、入学生は所属するコースや学科の枠組みを越えて幅広い分野の授業を受けなければならない、とするものである（図表1）。

この「都市教養プログラム」はかなり複雑な制度である。首都大に入学した学生は、「文化・芸術・歴史」「グローバル化・環境」「人間・情報」「産業・社会」という四つのコースから一コースを選ぶ（どのコースを選ぶかは、入学時の学科によらず自由）。各コースには、それぞれ「人文・社会科学系Ⅰ」「人文・社会科学系Ⅱ」「技術・自然科学系Ⅰ」「技術・自然科学系Ⅱ」「実技・体験型科目」という五つの領域の授業科目が複数指定されており、学生は、自分が選んだコースが指定している授業の単位を、この五つの領域のうち四つの領域からまんべんなくとらなければならない。二〇〇七年度受験生に向けた大学案内によれば、「本学の存在価値を示すアイデンティティそのもの」であるらしい。

「実践的英語教育」とは、ネイティブスピーカーを教員としてコミュニケーション能力（話せる、聞ける）の修得をめざすものである。これは、学系ごとに入学後に英語の学力試験を行い、能力別にクラスを編成している。語学教室の運営を事業とするベルリッツ・ジャパン株式会社に委託されている。

なお、このほか首都大の特色としてアピールされている教育課程としては、「基礎ゼミナール」

図表1　都市教養プログラム授業科目一覧

		コース			
		文化・芸術・歴史	グローバル化・環境	人間・情報	産業・社会
領域	人文・社会科学系Ⅰ	自然と文明の哲学 都市の歴史と文化 都市と日本語・日本文学 アジアの言語と文化 映像文化論入門 文化と文明	環境と生命の倫理 科学哲学 アジア・アフリカ社会論 アフリカの文化 古代日本の言語文化と都市	心の哲学 言語科学入門 人格と発達 科学哲学 大衆心理と社会現象	産業と歴史 技術と倫理 イスラームの社会 文化制度論入門 イギリスの文化 現代芸術文化論
	人文・社会科学系Ⅱ	都庁の仕組みと仕事 都市社会学 人間の起源と健康 都市問題の歴史的文脈 オリンピック文化論 政治と文化	環境と法 開発と環境 環境と社会科学 グローバリゼーションと社会 都市政策入門	情報社会と法 医療統計学 人間発達学 生活と経済 高齢期生活論	生活と福祉 社会と福祉 学校と労働社会 官庁の仕組みと仕事 現代社会と契約 現代社会と法
	技術・自然科学系Ⅰ	数学の歴史 集合と論理的思考 都市空間と人間 建築文化論 デザインマネージメント概論	都市の生活環境と科学物質 電気エネルギーと環境 環境を支える土木技術 地球環境科学 エコデザイン入門	計算の理論 宇宙地球物質の科学 移動の人間工学 医療と画像 ロボットと社会 現代社会における通信	現代社会・化学の役割 都市創造と再生技術 宇宙でモノをつくる 安全の科学 化学物質と社会学
	技術・自然科学系Ⅱ	大地の成り立ちを探る 都市空間の人文地理 地球環境の人文地理 自然と共生する文明 植物の多様性と進化 進化生物学	細胞生物学 生態と環境 動物の生態と多様性 大気と水の循環を学ぶ 環境と適応	ゲノム科学 神経生物学 バイオテクノロジー 生命論 健康トレーニング論 食品とアレルギー	感染症と再生医療 先端生命科学入門 自然災害と社会 バイオテクノロジー 食品と健康
	実技・体験	現場体験型インターンシップ			

注）全ての授業科目は記載しておらず一部省略している。
資料）『首都大学東京 大学案内』（2006年6月）参照。

図表2　4年間の履修の流れ

		1年生	2年生	3年生	4年生
都市教養科目群	基礎ゼミナール（都市文明講座）	→			
	情報教育	――	→		
	実践的英語教育	――	→		
	都市教養プログラム	――	→		
共通基礎教養科目群	理工系共通基礎科目	――	→		
	共通教養科目	――	――	――	→
専門教育科目群	専門教育科目群	――	――	――	→
	学芸員・教職等関連科目	――	――	――	→

注）但し、健康福祉学部については、都市教養科目群を1年次に修得し終える必要がある。
資料）『首都大学東京　大学案内』（2006年6月 発行）。

と「情報教育」がある。「基礎ゼミナール」とは、一年次の前期に、学部横断的に編成されたクラス（一〇～二五名程度）で、ゼミ形式で討論などを行なうものである。表現力・プレゼンテーション能力を向上させることが目的とされている。

「情報教育」は、ITを活用する能力を育成しようとするものである。学科・コース別に編成されたクラスで、パソコンを使った情報対応力・課題解決力の獲得をめざしている。「都市教養プログラム」だけではなく、「実践的英語教育」「基礎ゼミナール」「情報教育」も必修である。学生はこれらの単位をそろえなければ卒業できない（図表2）。

さて、以上のような説明を読めば、教養教育として有効な試みであるように思われるかもしれない。「都市教養プログラム」や「基礎ゼミナール」では、専門分野の枠組みを超えた知的刺激が得られるだろうし、「実践的英語教育」や「情報教育」は、より実用的なスキルを獲得することができるだろう。決議の（A）からは、こうした教育課程に魅かれて入学してきた学生も多いことがうかがわれる。

しかし、現実には、これらの教育課程は必ずしも看板どおりに実現されていない。なぜなのだろうか？

●無茶なカリキュラム

問題は、これらの教育課程の基本設計にある。

じつは、以上の四つの教育課程の授業は、全て平日の午前中に配置されている。その理由は、おそらく、「都市教養プログラム」「基礎ゼミナール」が学部・学科・コースの枠組みを越えた授業科目として設定され、しかも必修であることが関係している。

「基礎ゼミナール」を取り上げて言えば、ゼミのクラスは学部・学科・コースの枠組みを越えたクラス編成になっているため、同じ時間枠には、いかなる学部・学科・コースも授業を入れることができない。月曜一限に「基礎ゼミナール」が入っているとすれば、その「基礎ゼミナール」には全ての学科・コースの学生が参加する可能性があるため、月曜一限には、どの学科であっても一年生を対象とした授業を入れることはできないのである。

同じことは、「都市教養プログラム」に指定されている授業科目についても言える。こちらは「基礎ゼミナール」ほどのきびしい制約はないが、それでも「都市教養プログラム」に指定されている全ての講義を、全ての学部・学科・コースの学生が受講する可能性がある以上、同じ時間枠に専門の科目を入れようとする場合には、よほど細心の注意を払わなければならない。一年次に単位を取得しておかなければならない専門科目が、たとえば「都市教養プログラム」の「人文・社会科学系I」の指定科目とことごとく重なってしまった場合には、「四年間では絶対に卒業に必要な単位がそろわない」という学生が出現することになるからである。つまり、大きな大学で、学部・学科・コース横断的でかつ必修とする講義を大量に指定することは、カリキュラム編成を非常に複雑にしてしまうのである。

こうした複雑さを回避する一つの方法が、教養科目と専門科目を午前と午後に機械的に分けてしまうことであろう。これならば、教養科目の時間割と、学部・学科・コースの専門科目の時間割との間で複雑な調整をする必要はなくなる。そして、前述の通り、首都大では実際にこうした原則の下で時間割が組まれているのである。

しかしこの解決方法が完全なものでないことは、決議案の趣旨説明から明らかである。まず、「平日の午前中」の時間枠は合計で週に一〇コマしかない。この一〇コマに「都市教養プログラム」の授業科目群、「基礎ゼミナール」「実践的英語教育」「情報教育」が押し込まれている。そのためこの四つの分野の間で重複が生じ（さらに学科によっては第二外国語を必修にしているところもある)、その結果、選択の幅が実質的に失われているのである。

逆に、「平日の午後」に押し込まれた専門科目もまた、重複を生じていることが分かる。午前中のコマが使えないため、専門科目もまた窮屈な時間割編成になっているのである。二〇〇六年六月現在、首都大生は一年生と二年生しかおらず、三年よりも上の学年は全て都立大学・科学技術大学・保健科学大学の学生であるが、彼らは本来無関係なはずの首都大の(無理な)カリキュラム編成によって、しわ寄せをこうむっていると言えるだろう。

また、教養科目と専門科目を午前と午後に振り分けた時間割編成は、大学の側から見れば、いちおうまんべんなく授業が配置されているように見えるが、個々の学生の時間割を見れば、そこに大きな偏りを見ることになる。

多くの学生は、「都市教養プログラム」「基礎ゼミナール」「実践的英語教育」「情報教育」などの教養科目については、一年次に単位を取得してしまう。しかし、では二年次には専門科目をたくさん選択しよう、と思っても、今度は、専門科目の多くは平日の午後にしか開講されていないという状況に直面する。こうした学生の毎日は、ほとんど午後から始まることになる。

しかし、「平日の午後」は、一つの学科の専門科目同士が重複する超過密時間帯である。したがって二年次の学生にとっては、平日の午前中には選択しうる授業が存在せず、平日の午後は(必修科目との関係から)実質的に選択する余地がない、という状況になっている。

●絶対に教養科目の単位を落とせない

さらにこうした学部・学科・コース横断的な教養科目の必修化は、キャンパス間の距離の問題によって、学生に大きなリスクを負わせることになる。それは、「教養の単位を落とせない」ということである。

現在、教養科目はほとんど全て南大沢キャンパスで授業が行なわれている。システムデザイン学部（日野キャンパス）や健康福祉学部（荒川キャンパス）に入学した学生も、教養科目は南大沢キャンパスに通って取らなければならない。もちろん、教養科目の単位を取るべき年限内では、日野キャンパスや荒川キャンパスと南大沢とを往復しなければならないようなカリキュラム構成にはなっていないが、問題は、そうした教養科目の単位が、取るべき年限内に取れなかった場合である。

教養科目の単位は卒業のために必要だから、落とした場合には当然引き続いて南大沢に通わなければならないが、専門分野の授業科目も年次相応に取って行かなければ、結果として卒業に間に合わなくなる。しかし、たとえば荒川キャンパスと南大沢キャンパスを移動するには、片道およそ一時間半かかる。昼休みを丸ごと移動に使っても追いつかない。二限に南大沢で授業を受けたら三限の荒川の授業には間に合わないのである。日野から南大沢へは昼休みを挟めば移動できるが、一限と二限の間（一〇分間）に移動するためには、二つのキャンパスの上空を飛行している米軍機の協力でもなければ不可能である。つまり、教養科目の単位を落とすと、連鎖反応を起こしてやがて留年するという仕組みになっているのである。

教養科目を荒川キャンパスで開講できれば問題はない。しかし、「基礎ゼミナール」の単位を取り直すためには、やはり他学部の学生が集まる南大沢に行かなければならない。「都市教養プログラム」が指定する授業科目を落とした学生のために、荒川キャンパスでもそれらの科目を受講できるようにしようとしても、学生が落とした授業科目は、どのコースのどの学問分野か学生によってバラバラであり、さらに落とした単位数も学生によってバラバラである。したがって、完全にフォローするためには南大沢と同じ規模の「都市教養プログラム」科目をそろえておかなければならない。こういうことをするなら、健康福祉学部の学生は最初から荒川キャンパスで「都市教養プログラム」を受ければよい、という話になるだろう。

ちなみに、こうした移動の不便さを考えてのことであろう。健康福祉学部の学生は、教養科目を一年次に全て取得しなければならないことになっている。システムデザイン学部の学生は二年次まで。都市教養学部（南大沢キャンパス）の学生は四年間にそろえればよいということに比較すれば、前二者の学部の学生はよりきびしい状況にある。

このため、健康福祉学部の学生に対しては、学期の始めのオリエンテーションで絶対に教養の単位を落とさないよう念が押されているという。また、先に述べたように時間割は平日の午前中にギリギリ詰め込まれているため、「都市教養プログラム」のコースの選び方によっては（つまり、一年生の春に時間割を組んだその時点で）、必修科目と必修科目が重複し、片方の科目を次年度以降に回さざるを得ないという「留年必至」の状況に陥る可能性がある。これを回避するために「モデル時間割」が提示され、それにしたがって時間割を組むことが「推奨」されているという。学生が選択できる範囲は、こうして実質的に相当狭められているのである。決議案の趣旨説明は、こうした問題を指摘している。

なお、二〇〇五年度末、健康福祉学部の学生は「進級か留年か」の判定を受けたわけであるが、大学当局によれば「南大沢キャンパスで取るべき教養の単位を落とした学生はいなかった」そうである。関係者はさぞ胸をなでおろしたことであろう。こうした「幸運」がこの先も続くことを祈るばかりである。が、現行の教育課程が存在する限り、恐らく今後もこうした「幸運」は続くに違いない。続けざるを得まい。

●語学学校への丸投げ

さらに、「実践的英語教育」についての指摘④についても見ておこう。「実践的英語教育」は、前述の通り、外国語教室を開いているベルリッツに委託してネイティブ教員の派遣を受け、授業が行なわれている。このことだけを取り上げれば、一般的に見られる学生の「Wスクール」(大学での教養としての英語学習と、学外の語学教室での実践的英語学習)を一元化したものであると言えるかもしれない。しかし、ここにも問題が存在している。その最大のものは、法律上、派遣されている教師の授業内容などに対し大学は直接指示することができない、というものである。

もちろん、大学はベルリッツに対してさまざまに注文をつけることはできる。しかし、派遣されている教員は大学のスタッフではなく、ベルリッツに対してのみ責任を負っている。このため、授業の水準について学生から「もっとハイレベルなものを」との要求があったとしても、大学は直接教員に対して要求することができないのである。また、二〇〇五年度には、あるクラスで教員が四回も交代するという事態が発生したという。これなどは、教員にいかなる事情があったのかは不明であるが、大学がそれらの教員を直接雇用していない以上、大学としてはどうすることもできない。要するに、「実践的英語教育」は「看板」であるにもかかわらず、その内容については首都大学は責任を負っていないのである。

先に見たように、二〇〇五年末の学生大会の決議は、授業に関するものは二項目に過ぎなかった。しかし、以上見てきたように、これらの決議に集約されている事実からは、首都大で実際に提供されている教育サービビが「看板」とは大きくかけ離れていることが分かるのである。

●学生の要求には？

ところで、ここで再び決議（B）を見ていただきたい。「カリキュラム設定においては、学生の意見を十分に反映するよう求める」とある。実際に、この学生大会の後、学生自治会執行部は「学生サポートセンター長」宛に、大会での決議を踏まえた「要望書」を提出した（「学生サポートセンター」とは、学生に対する法人の窓口のことである。「学生部」に類似するが、教員は排除されている）。面談の結果、「こうした問題については、どんどん挙げてほしい」との回答をもらったらしいが、二〇〇六年度のカリキュラムでも前年度に指摘された問題は解決されていなかった。二〇〇六年六月二三日に開かれた前期学生大会の決議を見てほしい（この学生大会も一〇四九名の参加によって成立した）。ここでは、授業について前回の学生大会よりもさらに詳細な四つの決議が上がっている。以下の通りである。

（A）大学案内などで打ちだされた大学の特色や、履修の手引きなどで入学時に保障された学習環境の実現を求めていく。

（B）単位バンクシステムを整備し、当初大学が打ち出していたものにすることで学生が利用しやすくするよう求める。

（C）インターンシップの履修方法を分かりやすくして学生の意見が直接反映されるような形にすることを求める。

（D）授業に関する問題を解消するために学生とカリキュラムについて話し合う場を設けることを求める。

「単位バンク」と「インターンシップ」については次項で詳述することにして、ここでは（A）

と（D）に注目したい。（D）は多少文言が変わっているが、内容は前年度後期の（B）と同じ。（A）に至っては一字一句全く同じである。首都大の「看板」は、依然として内実を伴っていない。少なくとも学生の目にはそう映っている。学生という「消費者」からの苦情に、大学は応えられなかったのである。

それにしても、どうしてこのようなことになっているのだろうか。なぜ大学は、二〇〇五年度に学生が貴重な体験にもとづいて報告したカリキュラムの問題点に耳を傾けることなく、二〇〇六年度も同様の問題を持つカリキュラムを組んだのだろうか。この謎は、本章を通して明らかにされるであろう。

次に、二〇〇六年度前期学生大会の決議で指摘された、「単位バンク」と「インターンシップ」の現状と問題ついても説明しておく。

●単位バンク

じつは、冒頭で触れた「一七年度報告」には興味深い外見上の特徴がある。それは、この報告でまとめられている「初年度の主な実績」の中には、首都大の象徴とも言うべき「単位バンク」制度に関する記述が見当たらないということである。他大学で取得した単位が首都大の単位として認められるという「単位バンク」は、どうなってしまったのだろうか。

結論から言えば、「単位バンク」制度はうまく機能していない。これは、「単位バンク」構想そのものが大きな欠陥を持っているからである。

「単位バンク」については、首都大のシラバス(講義案内)ではきちんと触れられている。しかし、そこには制度の概略を説明したうえで、次のような注意書きがついている。「別途授業料等を納める必要がある場合があります」と。これはつまり、学生が他大学で取得した単位を首都大の単位として認めることは認めるが、その授業を聴講するために必要な授業料は、先方の大学に学生本人が納めてくださいね、ということなのである。ほとんど詐欺である(ちなみにこの但し書きは、首都大ホームページの「単位バンク」紹介や、二〇〇七年度の受験生に向けた大学案内パンフレットには書かれていない)。

これは、「単位バンク」が、各大学のいわゆる「科目等履修生」(聴講生)制度を利用していることに原因がある。

「科目等履修生」制度とは、大学が市民一般に対して「一単位いくら」で講義の聴講を許す制度である。大学によってばらつきはあるが、普通、通年の講義で一科目当たり四万円程度。年度の初めにその大学に対して聴講を申し込み、大学側が許せば聴講が認められる(単位も取得できる)という制度である。

首都大の「単位バンク」制度は、基本的にこの制度を利用している。というよりも、この「科目等履修生」制度を「単位バンク」制度と呼び変えていると言う方が正しい。首都大が年間の授業カリキュラムを組む際に、他大学の講義のうち「適切」なものを「単位バンク認定課目」

とし、それを「科目等履修生」制度を利用して受講した学生が単位を取得してきた場合、その単位を首都大の単位として認めている。これを「単位バンク」制度と呼んでいるのである。

このような「単位バンク」制度を首都大が大声で宣伝できないのは、仕方のないことであろう。学生を受け入れる他大学にとっては、聴講しに来る学生は単なる「科目等履修生」だから、当然聴講料を支払ってもらわなければならない。また、ある学生に対して首都大が「単位バンクとしてA大学の○○先生の講義を受けてきてもよい」と認めたとしても、その学生を科目等履修生として受け入れるかどうかはA大学が決める問題である。まして、その「○○先生」の講義が評判で、首都大の学生がワレモワレモとワラワラ押しかけたらどうなるのであろう。A大学の学生の受講者が五〇人しかいないのに首都大学生は二〇〇人もいる、という状況をA大学は許すであろうか。つまり、個人のレベルで学生が「聴講したい」と言ってくれば聴講を許可する大学があったとしても、首都大から、大学として「あなたの大学の講義を首都大の単位バンク認定課目として登録したい。その暁には最大数百名の学生が受講に行くかもしれないので、どうかよろしく」と言われて恐怖しない大学があるとは思えないのである。

なお、首都大にも「科目等履修生」制度はある。が、そこでは聴講生の受け入れについて「教育研究に支障のない場合に限り、選考の上」聴講を許可する、としている（「学則」第六二条）。首都大自身、大量の「科目等履修生」が押し寄せた場合には、彼らの受講を拒否すると言っているわけである。

したがって、「単位バンク」の対象課目として認定される他大学の課目数は伸び悩んでいる。二〇〇五年度、他大学の「単位バンク認定課目」が存在したのは全学でシステムデザイン学部のみ。しかも後期に二つの講義だけであった(二〇〇六年度は、六月現在で前期一つ、後期二つ)。

ちなみに、一般的な状況として、現在首都圏の大学の非常勤講師の授業単価はおよそ一コマ一万円〜二万円程度である。年間三〇回として三〇万円〜六〇万円。一方、「単位バンク」制度の利用者が他大学に払う聴講料を一人四万円とすれば、仮に首都大で開講していない課目があったとしても、一五名以上の学生が「単位バンク」を利用して他大学に行くのであれば、首都大自身が非常勤講師を雇って開講したほうが安いのである(もちろん、現行の制度では、聴講料は学生本人が払うため、大学の腹は全く痛まないのであるが……)。

かくして、首都大の「目玉」の一つである「単位バンク」は機能していない。二〇〇六年度の学生大会決議は「当初大学が打ち出していたものにせよ」と要求しているが、これはばかりは要望したからと言ってどうにかなるという性格の問題ではあるまい。「実体を持つはずのもの」が「実体の無いもの」になっているのではなく、「実体を持つはずのないもの」が、やっぱり「実体の無いもの」になっているのだから。

●インターンシップ

次に、「インターンシップ」についても簡単に触れておこう。

「インターンシップ」とは、官公庁や企業において一定の期間「仕事の現場」を体験するというものである。首都大では、先に紹介した「都市教養プログラム」の一つとして、他の必修科目の単位に振り替えることができる。

しかしこの「インターンシップ」制度も、「看板」との乖離が生じている。二〇〇五年度は、「インターンシップ」を希望する学生は、実習先を直接指定して（たとえば、「東京都庁」）申請するようになっていたが、二〇〇六年度は「分野」しか指定できなくなっている。学生からの苦情に対し、大学側は「インターンシップの目的は『社会・現場を知り、己を知ること』だから、実習先はどこでもよい」と言っているそうである。が、実際には、一学年一五〇〇人もいる首都大で、全員が希望するとは限らないとはいえ相当多くの学生を、それぞれが希望する実習先に派遣するなどということが本当にできるのか、という現実性の問題と、事務作業の煩雑さに負けたというところが本音であろう。

ちなみに、二〇〇七年度入学生に向けた大学案内は、「中小企業振興センターを選んだ」、「福祉学園を選んだ」、「東京都水道局を選んだ」という「インターンシップ」体験学生の声を載せている。二〇〇五年度に入学した彼らは選べたが、この案内を見て入学する学生が同じように実習先を選べるかどうか。はなはだ怪しい。

2　研究環境

次に、大学の持つもう一つの重要な役割である研究機関としての側面について、現状を見てみよう。

「学則」の第一条によれば、首都大の目的および使命として次のように述べられている。

「首都大学東京は、東京都における学術の中心として、東京圏の教育機関及び研究機関等と連携して、大都市における人間社会の理想像を追究することを使命とし、広い分野の知識と深い専門の学術を教授研究するとともに、大都市の現実に立脚した教育研究の成果をあげ、豊かな人間性と独創性を備えた人材を育成し、もって都民の生活と文化の向上及び発展に寄与することを目的とする。」

大都市東京独自の問題への取り組みと人類に普遍的な課題の研究とを、修辞の上で絶妙に結合させ、ともに首都大の目的であるとする見事な作文である。問題は、この目的が実際にどのように追求されているのかという点にある。

こうした研究の現状については、先ほど教育の現状について学部学生の要望書を手がかりとしたように、研究者として養成され、かつ大学における研究の重要な部分を担っている大学院生の意見が客観的な評価を下す際の材料となろう。しかし、院生自治組織がないために、残念ながら集約された要望を知ることは困難である。したがって、ここでは研究環境に注目して検討したい。

●研究費

まず、研究費について。大学全体の運営費は、現在はその多くが都からの交付金で賄われているが、そのうち研究費の大部分や教員の人件費として使われる「一般運営交付金」（二〇〇五年度では、全交付金一五〇億円のうち、一三五億円を占める）は、年率二・五％の効率化係数で削減されることになっている。効率化係数とは、「毎年この程度の割合で経営を効率化していけるはずだ」という見込みにもとづいて前年度予算に掛ける数字のことであり、首都大の場合には毎年、前年予算の二・五％を削減できるとされているわけである。その節減される経費の分、交付金が減らされることになる。と言うのは建前で、実際には「今後は対前年比二・五％で交付金を削減していくから、その分を自助努力で埋めよ」という数字である。

さて、この「一般運営交付金」には、すでに触れたように研究費の大部分や教員の人件費が含まれている。したがって、これを対前年比二・五％の割合で毎年削ろうとすれば、研究費と人件費に影響が及ぶことになるだろう。この点について、興味深い事実がある。

削減額は毎年およそ三億円にのぼる。独立行政法人の一つのサイクルである「中期計画」（六年を一サイクルとする）が終了するまでに、およそ二〇億円が削減されることになる。一方、その首都大「中期計画」には、早期（六年以内）に企業等から外部資金として二〇億円を獲得するという目標が掲げられている。六年間に削減される交付金が二〇億円。六年間に獲得すべき外部資金が二〇億円。これは偶然の一致ではない。このことは、研究費が、将来すべて外部資金のみとなる可能性を示唆している。

企業は、もちろん自社の経営戦略として大学に研究資金を提供するのであり、大学内には、そうした資金提供の対象とならない研究領域はたくさん存在する。こうした分野では、実質的に研究費が〇円という状況が起こりうるだろう。また、企業以外の外部資金として、たとえば国の科学研究費補助金（科研費）や二一世紀COEプログラム（「COE」＝卓越した研究拠点）なども存在するが、これらはより普遍的な真理追究を目的とする研究テーマを採用する傾向があり、「都市問題の解決」に特化しようとしている首都大の理念・目標とは一致しない。もちろん、同じことは企業の資金提供についても言えるはずである。

こうした予算面での研究環境の悪化は、すでに現実化している。たとえば南大沢キャンパスでは、教員に配分された予算で学科全体の図書予算の削減を補填する結果、教員個人の研究費がほとんどないという学科が生まれている。しかし、以上の見通しから言えることは、現状はまだ「序の口」だということである。おそらく今後、一層悪化することは避けがたいと思われる。

●あいつぐ教員の転出

次に研究指導体制、すなわち教員の数の問題について検討する。

首都大の教員数は、前項で取り上げた学生自治会の要望書の⑦でも指摘されているように、授業編成に影響が出るようなレベルにまで減少している。

首都大への就任を拒否した都立四大学の教員で作る「首大非就任者の会」の調べによれば、二〇〇三年七月以前に工学部を除く都立大学四学部（人文学・法学・経済学・理学）に在籍した教員数は三八六名。そのうち、二〇〇五年四月の首都大開学時までの定年退職者を除く二九四名が首都大に就任する資格を持っていたが、七九名が首都大への就任を拒否した。この七九名のうち、三九名が二〇〇五年四月までに学外に転出している。

さらに首都大が開学した後、すなわち二〇〇五年度に転出した教員（定年退職者を除く）は、旧都立大学の枠組み（人文学・法学・経済学・理学・工学・都市研究所）で言えば合計三一名にのぼり、首都大全体ではこの三一名をふくむ四四名の教員が転出している。単純に足し合わせることにどれほどの意味があるかは分からないが、二〇〇三年八月から二〇〇六年三月までのおよそ二年半の間に、首都大への非就任者を含めて一二三名もの教員が転出したのである。

しかも、首都大法人が一方的に教員定数を減らした上、補充に消極的なため多くの欠員が不補充となっている。これだけの教員を失った上で、旧大学のカリキュラムを見て入学した学生が要望する授業科目をそろえることは不可能である。ちなみに首都大への非就任者は、旧都立四大学には籍があるが首都大には籍がないため、首都大の授業を担当していない（できない）。

こうした状況は研究面にも大きな影響を及ぼしている。

たとえば理工系の大学院では、大学院生の実験に際して助手や助教授の果す役割は大きいが、そうした若手のスタッフほど転出する傾向が強い。このため、多くのコースで大学院生の実験が滞り、研究の進展に支障が出ている。

文系でも、教員減少の問題は大学院生の研究に大きな影響を及ぼしている。たとえば首都大には経営学を教えるコースはあるが、経済学のコースはない。これは、旧都立大学の経済学部の教員のうち、経済学科の教員の多くが首都大への就任を拒否して大学を去ったからである。したがって現在、首都大の都市教養学部には経済学を教えるコースがないのであるが、都立大学大学院経済学研究科の大学院生に対する指導はどうなっているのであろう。大学院生の場合、大学院での研究が人生の進路を大きく左右するために、突然指導教員がいなくなってしまうことは、より深刻な問題である。

以上のように、首都大では研究費が減少し、教員も減少していることから、研究機関としての能力の低下は避けられない情勢にある。研究機関としても荒廃が進んでいると言わざるをえないのである。

以上、首都大の教育と研究の外形的な現状について検証した。では、こうした状況は開学時の一時的な問題なのだろうか？　また、「改革騒動」から跡を引く教員の非協力に由来する問題なのだろうか？　首都大を評価するためには、外形上の問題点を指摘するだけではなく、そうした問題を生じさせている原因を検証することが不可欠である。自治体の財政状況の制約を受ける予算削減の問題はひとまず置くとして、視点を組織としての大学に転じ、問題の構造を解明する。

第２節　新大学と教員

前節で述べたように、首都大設立に向けた都立四大学「改革」が始まって以来、二〇〇六年にいたるまで教員の流出が止まっていない。このことが、じつは大幅な人件費の削減に貢献し、「一七年度報告」が言うように法人が「一七億円の利益」を上げることができた大きな要因なのであるが、同時に首都大の教育・研究環境を悪化させている直接的な原因でもある。では、なぜ大量の教員が流出しているのだろうか。

●教員流出の原因

東京都立大学・短期大学教職員組合は、二〇〇五年度末で退職した教員（非組合員を含む）にアンケートを実施し、転出理由などを調査した。回収された調査表は二〇人分。二〇〇五年度に退職した教員数は定年退職を除いて四四名だったから、およそ半数の人が回答を寄せたことになる（なお、四四名全てが年度末に退職したわけではない）。この回答に記された転職理由は、以下の通りである。

【転出理由】

① 任期制で将来の身分が不安定であるから。

② 給与水準が低くなるから。

③ 二〇〇七年度からの助教〔旧来の助手に相当〕制度で年輩助手は悪い条件になるので良い条件の大学に移る。

④ 首都大学の学部編成によって自分の研究面の居場所（研究科、専攻）がなくなるので転出する。

⑤ 首都大学が教員に期待するように、都政に貢献できないから。

⑥ この大学では将来に夢がもてないから。

ここに挙げられている転出理由をまとめると、⑴身分の不安定化（①、②、③）、⑵研究環境の悪化（④、⑤）、⑶「夢がもてない」（⑥）、ということになるだろう。なお、⑤はむずかしい表現になっているが、これはつまり「首都大は教員に対して都政に貢献できる研究をしろと言っているが、自分の研究はユニバーサル（＝普遍的）なものだから、そういう期待に応えるような研究をすることは不可能である」ということらしい。

以上の回答からは、教員の転出理由としては「任期制・年俸制」にかかわる問題が前面に出ているように見える。しかし、この結果から単純に「待遇の悪化が教員流出の最大要因」と見ることは早計である。

アンケートには、上述の質問に並んで「大学再生への提言」という欄も設けられている。ここには、大学を再生させるにはどうすればよいのか思うところが述べられているが、転出した教員が、首都大のどこに問題を感じていたのかを逆説的に説明している。やや長くなるが、アンケート結果報告から引用する。

【大学再生への提言】（A～Fは筆者による整理）

A　大学の理念に関して

①　東京都の行政が応えるべき課題を大学の理念にすることは、大学の衰退につながる。

B　意思決定の仕組みについて

②　大学の作り方が、そもそも間違っていると思います。脱本的な再改革が必要でしょう。役所の出先機関のような大学では、小さな改善すらままなりません。独断的な大学名称の決定、意味不明な学部名称と括り方、恣意的な学長、理事長人事、テニュア〔終身雇用〕のない前代未聞の人事制度、これらの大学制度の根幹に関わる問題点を解決することなしには発展は期待できないと思います。

③　大学の中身を知らない行政の介入やトップダウンの運営方針を止めること。
④　学部長は、構成する全教員による選挙で選出された人間がやり信頼関係に支えられた学部運営が必要である。
⑤　教授会が伝達機関の機能だけになっているが、本来の審議とその結果を大学運営に反映できる仕組みに戻すべきである。また教授会に教員の人事権を戻すべきである。
⑥　早く全学のまとまりを取り戻す必要がある。そのためには学部長・研究科長などは公正な選挙によって選ばれることが必要である。
⑦　学長を支える教員システムが不十分であり、早期に改善するべきです。各部局所属の教員の意見が反映される審議システムを確立するべきです。
⑧　人事案件が停滞しているので緊急に進めて欲しい。

C　大学の管理業務について

⑨　法人からの管理業務に応えるために教員からエネルギーを奪い、教員が教育と研究に喜びを見出すという大学本来の姿を忘れさせない様に、大学運営を行うこと。

D　研究条件について

⑩　応用研究重視の傾向が強まっているが、本当の応用に役立つ基礎研究も重視するべきです。
⑪　大学の教育と研究には金と人が必要であることを大学設置者はきちんと認識するべき。

Ｅ　人事・雇用制度について

⑫　全員が任期制になるのでなく、教員の階層が進むにつれて、教員は任期制からテニュア制度へ移ることができる仕組みが必要である。

Ｆ　教員の運動などに対する提言

⑬　組合員の数を増やすこと。専門的に組合業務に関わる人達を持つことも必要。

⑭　首都大学の動向は全国の公立大学への波及影響が大きいことも考えて、行動してください。

⑮　大学運営に関する情報の公開・情報の共有を強めること。教員は連帯を強め、ボス支配を打破することが大事です。

以上からは、大学を再生させるために必要なこととして、転出した教員が「任期制・年俸制」などの待遇を改善することよりも、大学の意思決定過程の抜本的改革を多く指摘していることが分かる。教員が大学の意思決定に参与できない限り、悪化していく研究環境をどうすることもできないし（【転出理由】の④、⑤）、将来的に「夢」を持つこともできないだろう（【転出理由】の⑥）。つまり、教員を流出させている要因としては、「身分の不安定化」（【転出理由】の①、②、③）はもちろん重要であるが、大学の意思決定から教員が排除されていることも大きな原因であると言えるのである。

このようにして生じている教員の大量流出が、先に見たように、大学院生の研究環境を悪化させ、大学の研究能力を減退させ、授業数を減少させている。つまり、「一七年度報告」が賞賛している理事長・学長のリーダーシップの確立、すなわち大学運営のトップダウン化が、学生・教員にとって不満の根本的な原因となっているのである。「トップダウン」は、事業者自身が作文の上でいかに成果として誇ろうとも、依然として都立の大学「改革」の争点であり続けている。

では、公立大学法人首都大学東京は、一体いかなる組織なのだろうか。そして、どのように運営されているのだろうか。「腑分け」してみよう。

第3節　首都大の組織と運営

1　組織

●法人と大学

外見からは分かりにくいが、公立大学法人首都大学東京は、経営組織（法人）と教学組織（大学）から構成されている。公立大学法人首都大学東京が、首都大学東京・東京都立大学・科学

図表３　１法人に５大学など

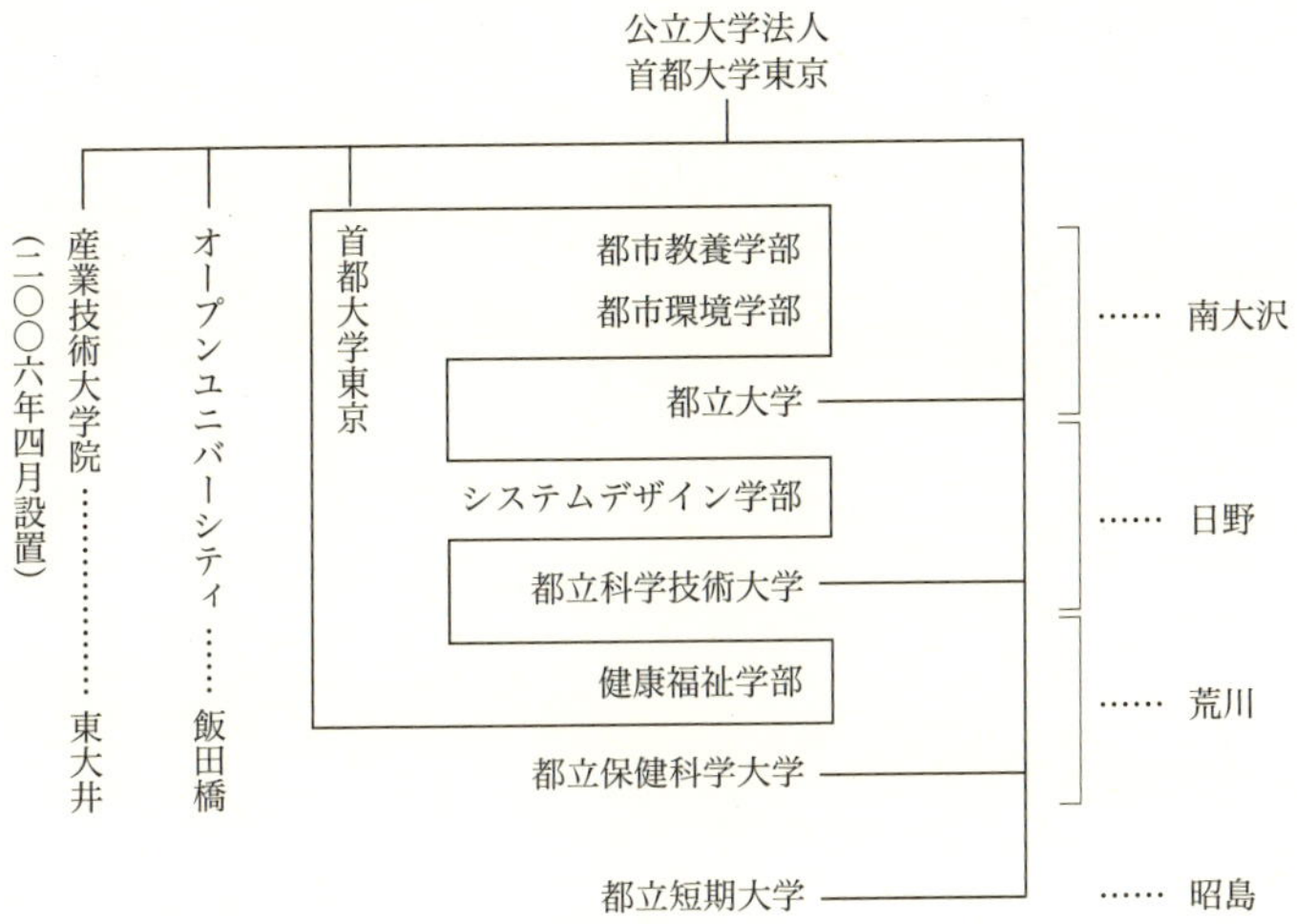

技術大学・保健科学大学・都立短大という五つの大学を設置するという形になっている（図表3）。なお、二〇〇六年四月からは新設の産業技術大学院もこの法人のもとに設置されている。法人の長が理事長であり、教学組織の長が学長である。現在、首都大学東京の学長が他の四大学の学長を兼ねている（なお産業技術大学院の学長は、石島辰太郎前システムデザイン学部長）。

このうち理事長は都知事にのみ任免権があり、学長は理事長に任免権がある（ただし、初代学長は都知事が指名・任命した）。ともに、大学構成員には指名する権限も罷免する権限も与えられていない。したがって、学長は理事長に、理事長は都知事に対して責任を負っている。

また、理事長の下で実務を担当するの

が事務局長である。事務局長は、都庁内の人事で決定され、都知事によって任命される都の官僚である。「離籍出向」の形で首都大に派遣される（およそ二年で交代するものとされている）。もちろん、大学構成員は彼を指名も罷免もできない。

以下に詳述するように、この「三役」（理事長・学長・事務局長）が首都大の運営にきわめて重要な役割を果しているのであるが、ここでは、彼らが全員、大学の構成員に対して責任を負っていないことに注目しておきたい。現場の意思とは無関係に上級権者によって指名され、任命された「トップ」なのである。

では、法人（経営）はどういう組織なのだろうか。

端的に言ってしまえば、首都大法人は理事長の独断で決定することができる組織である。たとえば、首都大法人には理事会が存在しない。これは法人の憲法とも言うべき「定款」に理事会の規定がないためである。もちろん、理事は存在する。しかし、二〇〇六年六月現在、理事は、首都大学長と事務局長、そして二〇〇六年度に首都大法人の大学として新たに設立された産業技術大学院の学長（以上、副理事長）と外部理事一名の四人に過ぎない。このうち事務局長を除く三名は理事長が指名・任命し、さらに理事長が罷免権を持つ人々であるため、理事長と意見が対立することは考えにくい。つまり、理事会があってもなくても結果は同じであるような理事の構成になっているのである。理事長は、思いつくまま気の向くまま法人を運営することができる。

図表4　学部・学系

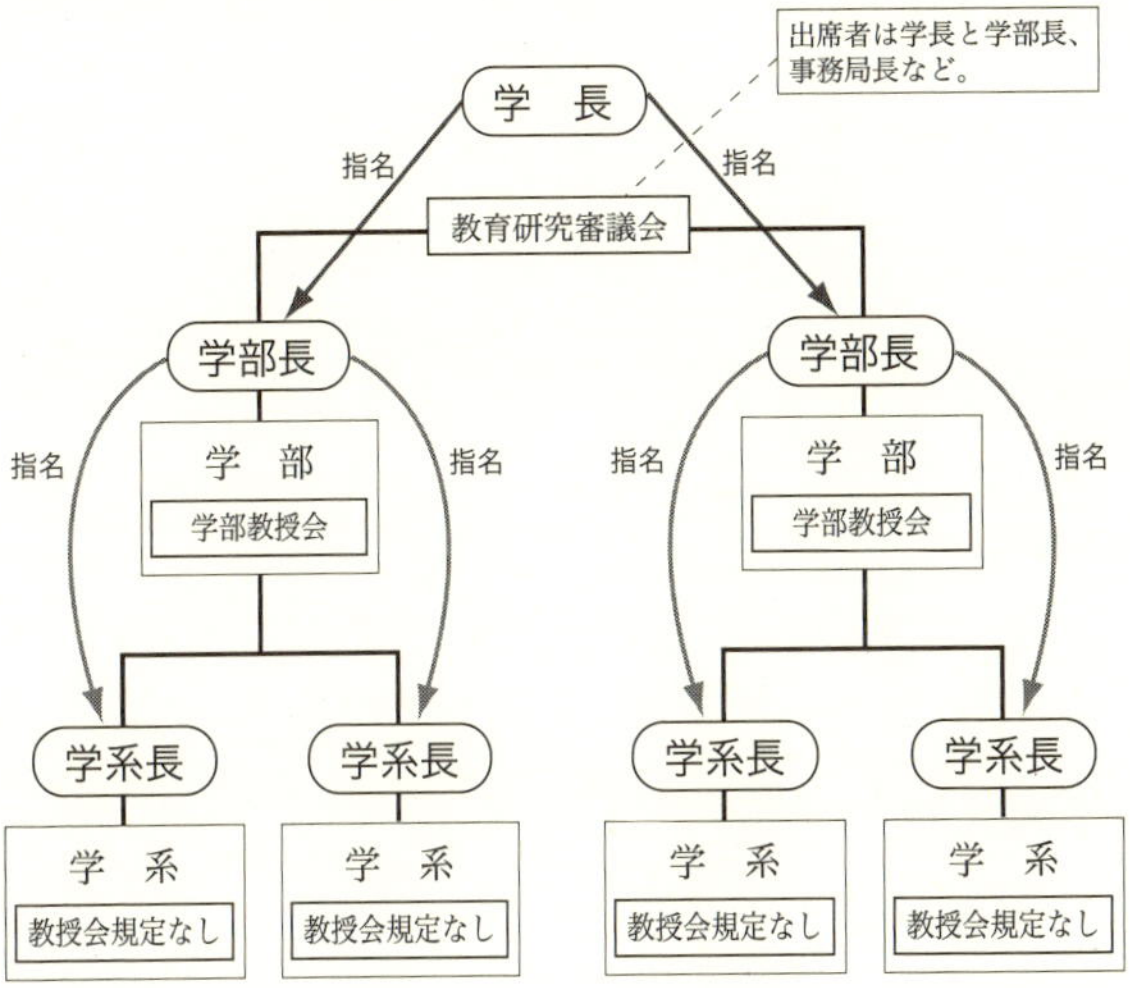

このように、法人の内部では経営部門が教学部門に対して圧倒的な上位に立っている。では、学長を長とする教学部門は、どのような組織でどのように運営されているのだろうか。

●大学（教学部門）の組織

これも最初に端的に言ってしまえば、首都大法人の教学部門（大学）は、学長を頂点としたトップダウン組織になっている。以下、やや詳細に見ていこう（図表4）。

首都大の意思決定機関は「教育研究審議会」と呼ばれる委員会である。普通、大学には教学部門の最高意思決定機関として「評議会」が置かれているが、首都大では「評議会」に相当する機関として「教育研究審議会」が置かれている。この「教育研究審議会」のメンバーは、学長・副学長・学部長・その他学長が指名する者である（「学則」第八条）。

さて、このように見れば、教学部門の最高意思決定機関である「教育研究審議会」に「学部長」が参加していることから、大学の意思決定に教員の意見も反映されているように思われるかもしれない。しかし、そうではない。「学部長」は各学部の教員を代表しているわけではないからである。

首都大の「学則」には、学部教授会の規定がある。学部単位の教授会は公式なものとして開かれている。が、この「学則」の規定には、教授会で決めることのできる事柄として、「学部長を選出する」という項目が存在しないのである。教授会について規定している「学則」第九条第五項は、次のようになっている。

教授会は、教育研究審議会の議を経て定められる基本方針にもとづき、次に掲げる事項を審議する。

① 学生の入学、卒業又は課程の修了その他学生の在籍に関すること及び学位の授与に関する事項。
② 教育課程の編成に関する事項。
③ 第二条に定める自己点検、評価に関する事項のうち、当該組織に係る事項。
④ その他教育研究に関する重要な事項。

このように、学部の教授会で決めることができるのは、当該学部の時間割や評価に関することに限定されている。意思決定や人事については権限が与えられていないのである。「学部長」は、制度上は、学長が指名することになっている。つまり、学部の教授会は、そのようにして選ばれた「学部長」が「教育研究審議会」に出席し、そこで決定された方針を教員に伝達する場、あるいはそうした方針にもとづいて教員に実際に作業をさせる場となっているのである。したがって、大学の最高意思決定機関である「教育研究審議会」に出席している「学部長」は学部の教員の代表ではないし、必ずしも学部構成員の意見を代表しているとは限らない。大学の意思決定においては、一般の教員に対して学長が圧倒的な上位に立っているのである。

なおここで、教授会に関して重要なことをもう一点指摘しておく。以上では「学部教授会」と、とくにことわりなく使っているが、とくに首都大の「都市教養学部」は普通の大学の学部にくらべて巨大であることに注意しておく必要がある。「都市教養学部」は、都立大学工学部の一部学科を除く人文・法・経済・理・工の五つの学部をまとめて成立した（図表5）。したがって「都市教養学部教授会」とは、都立大学の学部全てを集めたレベルで開かれるものなのである。二五〇人からなる会議が議論の場としてふさわしくないことは、明らかであろう。

そのため、実際には学部教授会は「代議員」制度を採用している。「学系」(学部の下の単位。「都市教養学部」では都立大学の学部に相当）の枠組みに対応する「代議員」によって学部教授会

図表５　学内組織図

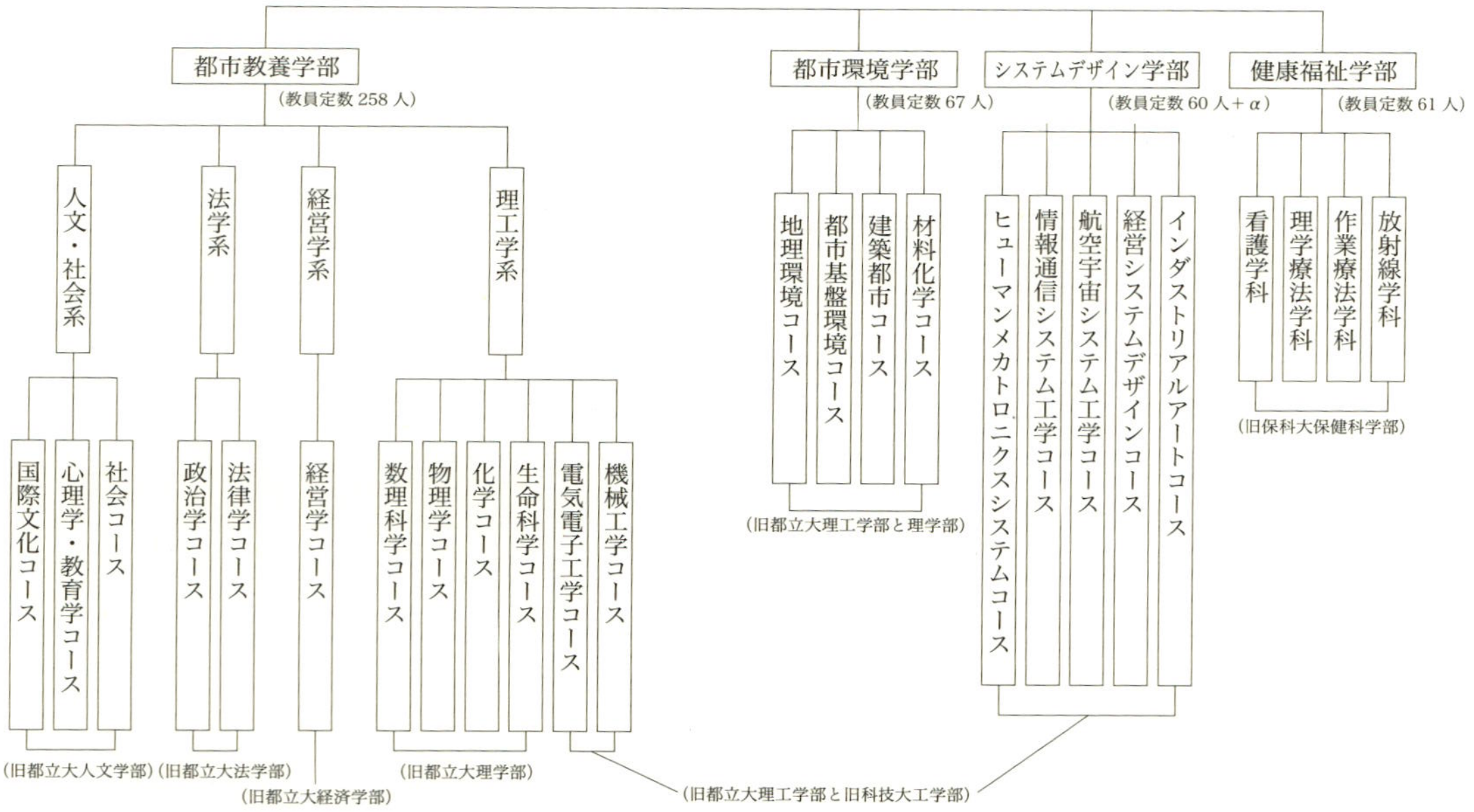

注）上図は学内のおおよその組織図である。

資料）教員定数については、「首都大学東京新大学院構想『中間まとめ』」（2004 年９月新大学設立準備室教学準備会議大学院検討部会）

が開かれ、そこでの決定が教授会の議決とされている。

なお、「都市教養学部」の下の「学系」でも教員の会議が開かれ、日常的な意見集約の場として機能している（ただし、学系レベルの会議が開かれていないところもあると聞く）。が、この「学系教授会」については「学則」に規定はない。また「学系長」も「学部長」の指名による。学部教授会に出席する「代議員」の選出規定もない。つまり「学系」レベルでも、制度上、教員は意思決定から排除されているのである。学長が「学部長」を指名し、「学部長」が「学系長」を指名する。完璧なトップダウン組織なのである。

ここで話を「教育研究審議会」に戻そう。首都大「学則」第八条第三項は、「教育研究審議会」の審議事項として、次の九項目を挙げている。

① 学則その他教育研究に係る重要な規則の制定又は改廃に関する事項。
② 人事の方針に関する事項のうち、教育研究に関する事項。
③ 教育課程の編成に関する方針に係る事項。
④ 教育課程の改善に関する調査研究に係る事項。
⑤ 学生の円滑な修学等を支援するために必要な助言、指導その他の援助に関する事項。
⑥ 学生の入学、卒業又は課程の修了その他学生の在籍に関する方針及び学位の授与に関する方針に係る事項。

⑦　第二条に定める自己点検、評価に関する事項。
⑧　中期目標について知事に述べる意見、中期計画及び年度計画に関する事項のうち、教育研究に関する事項。
⑨　その他大学の教育研究に関する重要な事項。

このように、教員人事や教育課程など大学としての方針を決定する権限は、全て「教育研究審議会」に集中されている。これほどの権限を持つ機関が、大学構成員による選出を制度上必要としないメンバーだけで構成されていることに、言いようのない不安を覚えるが、それはひとまず置くとして、この③項からは、先に見た学生のカリキュラムに関する要望（首都大の「看板」が実現されていないことに対する不満）は、本来この機関にぶつけられるべきものであることが分かる。

「教育研究審議会」の審議事項の③項に言う「教育課程の編成に関する方針」とは、教授会が審議することができる「教育課程の編成に関する事項」（前掲「教授会」規定②）に対応したものである。つまり、教育課程の大枠は「教育研究審議会」が決定し、それにもとづいて教授会は具体的なカリキュラムを組むのである。逆はない。

したがって、たとえば「都市教養プログラム」や「基礎ゼミナール」を必修にし、しかも学部・学科・コースの枠組みを取り払うとか、「実践的英語教育」をベルリッツ・ジャパン株式会社への委託で実施するとか、「都市教養プログラム」や「実践的英語教育」を全て平日の午前中に配置するとか、なにがなんでも「単位バンク」という名前を冠した制度を作るとかいうことに関しては、教員は関与できない仕組みになっているのである。

実際に時間割編成の現場では、教員（学系・コース）に対して、ある程度記入された時間割表が「上」から下ろされてくるという。「この時間割の空いているところに授業を埋めよ」というわけである。こうしたやり方では、個々の教員がカリキュラムの矛盾や問題に気づいていても、その問題が「上」から下ろされてきた時間割の「記入済み」の部分にかかわるものであれば、どうすることもできない。窮屈な制約の中で「次善の策」を考えるしかないのである。教育の現場で生じている不具合の是正、あるいは学生のニーズを反映した授業編成がしにくい構造になっている。

さて、このような首都大の組織は、大学の運営において実際にどのように機能しているのだろうか。次に運営の実態について見ていきたい。

2　運営

以上見てきたように、首都大は理事長・学長によるトップダウン型組織として成立している。彼らは、構成員の意向を無視した意思決定と大学運営が可能である。ということは、逆に言えば、大学の意思決定過程は理事長・学長をトップとするシンプルなものとなり、また（彼らトップの意思ではあるが）大学として自由に意思を決定できる自律性を確保したと言えるのだろうか。このことを検討しようとすれば、事務局長の役割の大きさに着目せざるをえない。

先に述べたように、都庁から「離籍出向」の形で首都大に派遣されている事務局長は、「筆頭副理事長」として学長を超える権限を持っている（学長は、ヒラの「副理事長」である）。たとえば、法人・大学の人事（教員の採用を含む）を決定している「人事委員会」は、事務局長を委員長として開かれる。また予算においても大きな役割を果している。

つまり、理事長・学長は、制度上はたしかにトップダウン組織の「トップ」の位置に座っているが、実際には、実務を統括する事務局長との協力関係を持つことが、大学を運営していく上で不可欠なのである。

しかし事務局長は、法人に対してではなく、都庁に対して責任を負っている。異動が予定されているため首都大には二年程度しかいないことは分かっているし、彼の「出世のコース」は首都大ではなく都庁の中にある。したがって、法人の意思は、理事長と個人としての事務局長との合意によって決定されるのではなく、理事長と都庁の意向を代弁する事務局長との間で決定されるはずなのである。

しかも、理事長も学長も「学部長」も、「上」の指名によってその職に就いたのであって、構成員の合意を得ているわけではない。彼らの学内における基盤は決して強くない。これに比べれば事務局長の基盤は大きい。首都大の官僚組織のトップとして、職員の生殺与奪を掌握するからである。

したがって、理事長・学長の意思はおそらく都庁の意向と重なるときにだけ実現されるであろう。両者が「幸福な一致」の状態にあれば問題ないが（そしておそらくそうした状況が常態だと思われるが）、実態としては、以上のようなトップダウン組織が作られ、「トップ」が学内の「権力基盤」を失ったことによって、かえって大学の自律性は損なわれ、事務局長を介した都庁による支配・統制が一層進むと考えられるのである。

もちろん、以上のことは推測である。都庁内にある理事長室で実際にどのようなやり取りがなされているのかは分からない。ただ、前述したようなカリキュラムの現実性の低さや、それが二〇〇五年度に明白になったにもかかわらず一向に改善されない硬直性を見るとき、大学内の論理とは異なる政治的な力によって首都大の方針が決められているということが、容易に想像できるのである。

●「トップダウン」と大学運営

ところで、都庁官僚としての事務局長は、おそらく事務能力・政治力ともにさぞかし優秀なのであろう。しかし、大学（教育・研究）の運営については「素人」である。現在の理事長も、財界人としての能力はともかく、大学運営について知悉しているとは思えない。学長は根っからの大学人ではあるが、首都大・都立大・科技大・保健科学大・都立短大という巨大な組織を切り回せるだけのスタッフを持っていない（周りにいるのは、自分が選んだ人々だけであり、彼らの大学内の基盤はきわめて限定的である）。

こうした人々が法人・大学運営の意思決定権を全て掌握しているわけであるが、首都大には、彼らが参考にするべき現場の声を聴取するシステムが制度として存在していない。また、現場の声を無視して意思決定できる体制になっている。と言うよりも、知事の公約により「トップダウンで大学を運営している」という「看板」を下ろせない状態にある。大学運営の「素人」であっても、教育・研究の現場から上がってくる声に従って大学を運営することは（少なくとも表向きは）できないのである。

しかも、うわさによれば、現学長の勤務状況はお世辞にも「良い」とは言いがたいようであり、週に数日しか登校していないと言われる。これでは大学の現場における実態を知るということはむずかしいであろう。さらに現学長は、学長を補佐する副学長の設置すら拒否していると伝えられる。「人が増えると派閥ができるから」というのが、その理由らしい。大勢の人を束ねる組織の長として、自分には能力がないということを宣言しているに等しいような気もするが、ともあれ、「トップ」が自ら動かなければ情報が集まらないような組織を作っておいて、しかもその「トップ」は現場から離れ、自分の職掌を分担させる人員も置いていないのである。

この結果、現場の教員から意思決定権を剥奪したものの、法人や「教育研究審議会」「学部教授会」の目が行き届かず、放置されている部分がたくさん存在している。先に触れた学系レベルの「教授会」による運営の試みは、こうした状況をカバーするための動きであると理解する必要がある。

もちろん、学系レベルで開かれる教員の会議は学則に位置づけられていないため、完全に公式のものとはなり得ない。また、カリキュラムに関して指摘したように、この会議が決定し得る事柄には一定の限界が存在する。またもし法人が、そうした学系レベルの教員会議の決定は無効であると開き直った場合には、どうすることもできない。しかし、学系レベルの教員会議で日々決定されている事柄を「教育研究審議会」や「学部教授会」がこと細かに決定できないのであれば、もしこの学系レベルの教員会議をも解体すれば、直ちに首都大は動かなくなるだろう。首都大は、こうしたきわめて危うい状況の中で運営されているのである。

また首都大には、意思決定をする「トップ」に対し、構成員の集約された意見を述べ、大学としての意思決定に生かしていくルートが全く存在しない。しかし、「トップ」が意思決定するためには、当然何らかの情報が必要である。とすれば、情報収集が恣意的なものになることは避けられない。こうして大学運営は、「王の目」「王の耳」となる教員（「改革に前向きな教員」と表現される）からの情報に頼らざるを得なくなるのである。

このことは、教員の側から言えば、「王の目」「王の耳」となっている教員は「トップ」に自分に有利な情報を吹き込むことのできる「有力者」である。先に見た転出教員の「大学再生への提言」に見られる「ボス支配」という指摘は、こうした構造の中で発生している現象であると理解することができる。このような大学に「夢がもてない」として教員が流出することは、当然と言うべきである。

●効率的な運営？

以上から、「トップダウン」と大学運営との関係について、次のように結論づけることができるだろう。

すなわち、本章の冒頭で紹介したように、「一七年度報告」は「トップのリーダーシップが確立し、効率的な運営になった」と評価しているが、「トップ」（理事長・学長・事務局長）が、文系から理系、科学技術から医療・福祉にわたる全ての分野について完全に理解し、大学のあらゆる事どもを適切に判断できるという超人的な能力を獲得したのでなければ（もしそうした能力を獲得したのであれば、彼は人類の宝である。早々に首都大を去って、もっと大きな舞台でその能力を生かしたほうがいいと愚考する)、「上」から通達されてくる決定を、表面上「実現した」ように報告するような形式化が進んでいるか(現場における「トップ」の決定の空洞化)、学系レベルの教員会議などの現場でなされた意思決定を「トップ」が事実上追認し、形式的に「それはトップが決めて現場に通達したものである」とする体裁を取っているか(「トップダウン」の空洞化)のいずれかではないかと思われる。

たとえば「現場における『トップ』の決定の空洞化」については、実際には「科目等履修生」制度を使っているにもかかわらず「単位バンクを実現している」と言い張っているということや、「幅広い教養教育」を謳い文句にしておきながら「学部が推奨する時間割」を学生に配布せざるをえないという点に現れている。「『トップダウン』の空洞化」に関しては、一部の学系で、従来どおりの選挙によって学系長を選び、それが正式な「学系長」として任命されているということに窺うことができる。このように下から合意形成を積み上げていかなければ、結局のところ、組織は有効に機能しないのである。

ところで、このように見た上での率直な感想を言えば、都庁という官僚組織が教育・研究のあらゆる事どもを決定する権限を持っている首都大は、ソ連や中国に存在した往時の社会主義体制に酷似しているように思える。民主的な合議が働かないところで、官僚組織と密接に結びついた個人がそのことによって得られた権力を私物化し、肥大・腐敗するという構図も酷似している。「上」から一方的に下ろされてくる非現実的な命令が、「面従腹背」や「サボタージュ」

によって応えられるということも、どこかで見たような光景である。こうした体制が発展をもたらすのであれば、ペレストロイカも改革開放も必要なかったことについては、多言を要すまい。ソ連や中国の官僚ができなかったことが都庁の官僚にはできる、などとは考えないほうがいいのである。

いずれにしても、首都大が制度通りの「トップダウン」によって効率的に運営されていると評価することは、事実に反している。

教育・研究という営為の特徴は、どんな手段を用いても、「質」を強制することはできないということである。たとえば、「週に五コマ講義する」とか、「一年に二本論文を書く」とかいったことは、強制されれば教員は外形的に実現しようとするだろうが、それが意思に反している場合には事実上のサボタージュが発生する。単純に言えば、「手を抜く」ということである。が、あくまで外形的に実現されている限り、誰もこれを非難することはできない。

教育・研究の「質」を保証するのは、要求されている事柄に対する積極性、つまり本人のやる気である。教員にやる気がなければ、処罰されない最低限度まで「質」を低下させるであろう。これは、奴隷による生産が、農業が発展し複雑化した地域では消滅していったのと同じ理屈である。

これを「大学教員のわがまま」と言ってしまえばそれまでである。しかし、職業選択と移動の自由がある限り、自分がやる気を出せる職場（他大学）に移籍するだろうし、もしそれが国内になければ、やがて海外に移籍するだろう。大学がそうした特性を持つ機関であることに目を向けない改革は、大学の崩壊しか結果しないと思われる。

第4節　教員の人事・身分制度と労働条件

●非公務員化について

次に首都大における教員の雇用制度について見ておこう。この問題は、先に取り上げた「退職者アンケート」で、退職した教員の多くが退職の直接の原因としてあげていた問題である。首都大の教員は、どのような人事・身分制度の下に置かれているのであろうか。

とはいえ、現状（二〇〇六年七月現在）はきわめて複雑であり、しかも雇用者（法人）と教職員組合との間で今なお雇用制度をめぐって綱引きが続くという流動的な状況にある。したがってここでは、現行制度のあらましと導入された経緯、そして労使交渉における現時点での焦点について概観するにとどめたい。

都立四大学「改革」すなわち首都大の設立は、教員の人事・身分制度について言えば、①地方独立行政法人化に伴う非公務員化、②「任期制・年俸制」の導入と言う二つの面で大きな変化を伴うものであった。この二つの変化によって、首都大の教員はきわめて不安定な雇用制度の下に置かれることになったのである。

まず①について。大学の独立行政法人化は、周知の通り国立大学で二〇〇五年四月に全国一斉に実施され、国立大学の教員は国家公務員としての身分を失った。このことによって、評議会や教授会などの教員組織だけが、学部長等の選任や教員の採用・昇任等の人事権を持つと規定する「教育公務員特例法」が適用されなくなり、経営（法人）による教員の任免に道が開かれたのである。国立大学教員の身分は確実に不安定化した。しかし都立の大学の独立行政法人化は、こうした国立大学の法人化よりもさらに教員の身分を不安定にするものとなっている。

都立の大学の場合は、新たに設置された「公立大学法人首都大学東京」が都立四大学と首都大を運営するという形になったことによって、それまで東京都の公務員であった教員が「法人職員」（非公務員）となった。そして、こうした地方独立行政法人化は、大学全体を「不採算部門」とし、やがて「不採算」を理由に当該法人が解散させられる、つまり全教員が失職するという可能性を持っているのである。そして実際に、首都大法人の中で早くもそうした危険性が囁かれている部門が存在する。「オープンユニバーシティ」である。

「オープンユニバーシティ」とは、「生涯教育の拠点」とするべく首都大法人が首都大学とは別の組織として設置した社会人向けの公開講座のことである。一講座いくらの受講料を納めれば誰でも受講することができる。しかし、いま「首都大学とは別の組織として設置した」と書いたが、そこで講義を担当している教員は、もともと都立四大学の教員であった。「改革」によって、首都大の教員定数が大幅に削減されたものとして設定される中で、定員外の人員（過員と言う）をここに大量に配置したのである。

しかし、この「オープンユニバーシティ」はうまくいっていない。受講生数が伸び悩み、最小催行人数を割り込んで開講できない講座が多かったのである。これは、一つには他の大学が設けている社会人向け講座に比較して受講料が高すぎることもあるが、開講する講座のラインナップや企画などに教員が参与できない運営構造になっていることが大きな要因として挙げられる。このことは、かつて都立の大学が「都民カレッジ」を設置し、教員が主体的にかかわる中で都民の支持を得て順調に運営されていたことと対照的である。

しかしこうした現状は、それだけをとって見れば、「オープンユニバーシティ」が「不採算部門」であるということに他ならない。現在の中期計画の期間が終わる段階で、廃止も含めた再検討がなされる可能性は捨てきれないのである。「余剰」人員をもともと採算の取れそうにない部署に配置し、その部署が（当初の予定どおり）不採算であることを理由にして取り潰す、というシナリオである。「オープンユニバーシティ」は、首都大学法人の持つ矛盾が、もっとも集約的に現れていると言ってよい。

しかも首都大学法人では、雇用・人事制度の面でも、人員の雇用と解雇を容易にする制度の導入が図られている。すなわち、「任期制・年俸制」である。もともと独立行政法人化（地方独立行政法人を含む）は、行政の財政再建の一環として提起された。法人化自体がそうした性格を持つものであるが、東京都の大学「改革」では、こうした目的をさらに「効率的」に追求しようとしているのである。そしてこのことが、開学後の首都大を混乱させ多くの教員を流出させることにつながっている。次項では、この「任期制・年俸制」に関して首都大開学後のあゆみを見ていきたい。

●「任期制・年俸制」について

首都大における「任期制・年俸制」の実施については、二〇〇三年八月に石原慎太郎東京都知事が「新大学構想」を発表した時点から、「教員組織・人事制度の改革」としてその重要な柱の一つに挙げられていた。いわば知事の「公約」として、実現が至上命題とされたのである。そして、この「公約」をストレートに実現するものとして打ち出され、首都大の初年度である二〇〇五年度に実施されたのが、「新制度」と呼ばれる雇用制度であった。

「新制度」の概要を示せば、次のようになる。

まず、教員の任期については、「研究員」(従来の助手に相当)は任期三年で二年のみ延長可(再任なし)、「准教授」(従来の講師・助教授に相当)は任期五年で一回のみ再任可(したがって最長一〇年)、「教授」は任期五年で再任可(回数に制限なし)、というものであった。給与については年俸制とし、給与の内訳を基本給五割、職務給三割、業績給二割とするとされた。

なお、労働基準法の規定により、これまで期限に定めのない雇用であった者に対して新たに任期を設けるためには、本人の同意が必要である。したがって都立四大学で雇用されていた教員は、この「新制度」を選択しない限り任期制は適用されなかった。ただし、従来の人事給与体系（「旧制度」と呼ぶ）にとどまる場合には、いくつかの条件が付けられた。すなわち、「旧制度」を選択した場合には、将来にわたって現給を据え置き、さらに教授への昇任を認めない。一方、「新制度」を選択した場合には、「旧制度」には戻れないというものである。東京都は、このように「旧制度」を選択した場合に被る不利益をきわめて大きなものにして、「新制度」への切り替えを教員に事実上強制した。

しかし、それでもこうした雇用制度への切り替えは容易には進まなかった。「新制度」を選択すれば多くの教員が現行の六三歳までの雇用の保障が絶たれ、定期的に首切りの危険にさらされるからである。また、従来の都立大学での実績では、助教授が基準を満たして教授に昇任するまでにおよそ一〇年から一五年の歳月が必要であったことを考えれば、「新制度」の規定では「准教授」が任期満了で失職する可能性が大きい。このような「新制度」が教員の大きな反発を招いたことは当然であった。

さらに「新制度」は制度としても欠陥が多かった。たとえば、再任のための評価基準が定められておらず、職務給・業績給の内容も決まっていなかった。このように教員の生殺の鍵を握る肝心の基準が「あと出し」されるような状況下で、「新制度」にハンコをつくということはむずかしいといわなければならないだろう。また、年俸を五〇万円刻みというおおざっぱな形で設定したため、毎年の昇給などの運用基準・方法を具体化することも困難など、法人自身にとっても、とても実際に運用できる制度ではなかった。こうして多くの教員が流出したのである。

このような大学の混乱と教員の大量流出は、大学の水準の低下はもとより荒廃すら導きかねない。また、教職員組合をはじめとする教員たちのきびしい批判と抗議もあった。こうした状況を打開するために、二〇〇五年一〇月、法人は新しい雇用制度を打ち出した。それが二〇〇六年四月から実施された「新・新制度」と呼ばれる制度である。

「新・新制度」の概要は以下の通りである。

まず、教員の任期については、「任期つき」型と「任期なし」型の二つのタイプの雇用条件を選ぶことになっている。「任期つき」型の場合には、「准教授」の再任は二回まで可能であり、最長一五年間の在職が可能である。また再任の鍵を握る教員評価制度については、教員を中心とする評価委員会を設け、教育研究の特性を踏まえた基準で評価する仕組みを作るとしている。

給与は、やはり基本給・職務給・業績給の三種類に分けるが、基本給は全職層共通とし、職務給を職層別に設定する。そして業績給を「ボーナス」相当とした。つまり、基本的には旧来の給与体系に近いものとしたのである。一方、「任期なし」型を選択している教員についても、(暫定的に)二〇一〇年度までの間、基本給に限り昇給することとした。総体として見れば、教員がより長期に、より安定的に生活できるような方向へと変化していると言えよう(もっとも、それは要するに従来の雇用制度に実質的に戻りつつあるということであるが)。

もちろん、問題はなおも山積している。たとえば、「任期なし」型を選択している助教授が教授に昇任する場合、法人は「任期つき」型への移行を義務づけている。これは助教授から教授への昇任は「新たな任用」に当たるとの解釈にもとづいている。「新たな任用」であるから、助教授であったときに結んでいた契約条件には拘束されない、という立場である。これに対し教職員組合は、雇用関係が切れるわけではないから助教授から教授への昇任を「新たな任用」と捉えることは誤りであると主張している。

さらに法人は、いったん「任期つき」型を選択した教授も、のちに「任期なし」型に戻ることができるとしつつ、もしそうした選択をした場合には助教授に降格させるとしている。二〇〇六年七月まで、この規定が適用される事例は起こっていないようであるが、実際に発生すれば、教授になる実績と能力があるにもかかわらず助教授のまま、という教員が現れることになる。大学としての社会的信用を大きく損なうことになろう。

以上見たように、「任期制・年俸制」の実現を至上命題とする今回の大学「改革」は、文字通りの「任期制・年俸制」から、教員の身分をより長期的に保障する制度へと実質的に変化しつつある。これは、簡単に総括すれば、「新制度」で示されたような雇用制度では大学は安定せず、崩壊の危機を招くということであろう。「任期制・年俸制」の導入によって大学が活性化し、教員はよりやる気を起こすというのは、机上の空論でしかない。

なお、こうした「新・新制度」のもとで、「任期つき」型を選択した教員は、法人発表で全体の三分の二であるとされている。ただし、この数には「任期つき」型しか選択できない新規採用教員が含まれるので、都立四大学から継続して雇用されている教員だけをとってみれば半数強と見られる。いずれにせよ、法人の期待を大きく下回っていることはたしかである。

ここからは、「新制度」に比較すればましな「新・新制度」であっても、運用次第では短期の解雇がありうるということに対して、教員の間に警戒感が依然として根強く存在していることが分かる。二〇〇三年夏以来の東京都のやり方を見れば、こうした教員の警戒感はあながち杞憂であるとも言えまい。また、五年ごとに解雇される可能性がある中では、中長期的な展望の下で学生・院生の指導に当たることはむずかしく、学生・院生にとっても指導教員が任期切れとともにいなくなるという不安を常に抱えることになる。教員の流出が、大学の再生をもはや不可能にしてしまうようなレベルまで進行しないうちに、法人は非現実的な「任期制・年俸制の夢」から覚め、教員・学生・院生の不安を完全に払拭するべきであろう。

●事務職員の雇用条件

なお、本章では本格的に議論できなかったが、最後に職員の雇用条件について簡単に紹介しておこう。

二〇〇六年度、首都大法人で働く職員のうち、およそ三分の一の職員に任期がついている。法人自身に雇用されている職員（一般職）の場合、任期は一年で更新は二回まで（最長三年）

とされている。つまり、首都大法人で働いている職員の雇用も著しく不安定化しているのである。さらに、都から派遣されている職員についても、二〇〇六年度に派遣された者は、任期三年で五年までの延長ができるとされている。つまり、最長八年で本庁に戻るということである。法人全体が、きわめて短期間に人員が入れ替わる構造になっているのである。

大学の研究教育活動は、教員組織と事務組織の協力によってなりたっている。すぐれた教育研究の力が教員に求められると同様、事務職員にも教育研究機関としての大学事務に必要とされる高い専門性がもとめられるのである。たとえば、教務関係では、学内の学則規定だけではなく教育関連法規に関する専門知識が求められるし、何よりも、院生・学生などからの相談や質問に的確に応えることが求められる。庶務関係でも、予算や人事関連事務の処理には、学則だけではなく、都政の動向や国の高等教育政策の動向にもアンテナが必要となる。そして何よりも、教員組織と事務職員組織の間に信頼関係が形成されなければ、まっとうな大学運営は不可能である。

不安定な条件での雇用と短期異動では、こうした大学事務の職務を遂行することは困難である。どれほど働きどれほどスキルを上げても、最長三年で職場を去らなければならないという不安定な雇用では、質の高い大学事務は維持できない。技術をせっかく習得した職員を三年後に解雇して、また新しい職員を最長三年で雇用しようというのでは、大学事務職員に求められている専門性を創造し継承することは、困難になるだろう。

法人は、ここでも人員を高い流動性のもとに置くことが効率化につながるという「幻想」から目覚めるべきである。自分が最長三年間しか雇用されない職場に雇われたとして、そこでどのぐらいの積極性を発揮するだろうかと、考えてみればよかろう。

第2章　東京都による大学「改革」の経緯

前章では、二〇〇五年四月に開学した首都大が、いまどういった状況にあるのか詳細に検討した。そしてその結果、諸問題の根底には、「トップダウン」と表現される大学内各階層の意思決定権を完全に剥奪した体制が、構造的な欠陥として存在していることが明らかとなった。では、どのようにしてこのような体制が作られたのだろうか。本章は、二〇〇三年八月一日、石原慎太郎東京都知事が「都立の新しい大学の構想について」を発表してから、首都大学が開学するまでの経緯を説明することを目的とする。この間の経緯については、東京都との交渉の前線に立った方々の手によって、すでにいくつか詳細な整理がなされている。本章では、こうした当事者たちの整理を参考にしつつ、改めて第三者的な視点からこの間の経緯をまとめてみたい。

第1節　「八・一」以前と「新大学構想」

●「八・一」以前

二〇〇三年八月一日の「激震」は、石原都知事が、同日行った定例記者会見において現都立四大学を統合しまったく新しい大学を作ると発表したことによる。しかし実際には、それ以前からこの「八・一」は準備されていた。

一九九九年四月に都知事に就任した石原氏は、翌二〇〇〇年に都立の大学の民間売却に言及するなど、早くから大学「改革」を主張していた。また二〇〇一年七月には都庁内に「大学管理本部」を設置し、それまで「局」と同格であった都立大学を一級格下げして管理本部の下に置いた。このようにして、都庁に対する大学の自律性は次第に奪われて行ったのである。

こうした流れの中で、大学側も、都庁が用意した「改革」の土俵に上がり、東京都との間で「改革」の中身を議論していくことになる。その結果、二〇〇一年一一月には、都立四大学の統合、法人化、教職員の非公務員化、経営責任と教育責任を区分するなどを盛り込んだ「東京都大学改革大綱」がまとめられ、管理本部から発表された。以後、この「改革大綱」に沿って具体的な検討が行われていく。

しかし、都庁と大学とが（さまざまな制限があったにせよ）協議を重ねながら改革を模索するという方向性は、石原都知事が再選された二〇〇三年四月以降、徐々に歪められていった。六月には、それまで管理本部の責任者として「改革」を主導してきた鎌形満征本部長が更迭され、産業労働局から抜擢された山口一久氏が大学管理本部長に就いた。またこの人事にあわせて管理本部の実務担当者も刷新され、港湾局や産業労働局など、都の産業政策を担ってきた部局から職員が異動してきた。八月一日の「激震」は、このように「役者」を水面下で周到に配置した上で起こされたのであった。

●「八・一」の衝撃

茂木俊彦都立大学総長（当時）の回想『都立大学に何が起きたのか』（以下、本章では「茂木回想録」と略称する）によれば、二〇〇三年八月一日一四時、都庁の大学管理本部に召集されていた都立四大学の学長・総長に対し、山口本部長が今後の大学改革の方針について「通達」した。これが、大学構成員はもとより都民・市民を巻き込んだ大学「改革」をめぐる混乱の、直接的な端緒であった。管理本部は、「東京都は大学の設置者である」ということを根拠として、以後、独断的に「改革」を進めていくことを宣言したのである。その「通達」の要点は、およそ以下の四点であったとされる。茂木回想録から引用する。

①　都と大学が協議して改革を進める体制は七月三一日をもって廃止した（大学の代表者

を加えない大学管理本部主導の新たな検討組織が設けられた、とも言明された)。

②「改革大綱」を廃棄する。

③都立の四大学を廃止し、都市教養学部、都市環境学部、システムデザイン学部、保健福祉学部の四学部からなる大学を「新設」する。

④単位バンク制、都心へのキャンパス展開、大学院の構成については学長予定者決定後に検討、全教員への任期制・年俸制の適用。

①については、補足説明が必要かもしれない。「大学の代表者を加えない」というのはどういう意味か? これは、以後大学「改革」を推進していく上で、大学の既存の意思決定機構(教授会や評議会)での議論や、そこで集約された意見には、管理本部は影響を受けないということである。管理本部の側から言えば、仮に検討会議に茂木総長が出席していたとしても、彼は都立大学を代表しているのではなく、またその検討会議で行われる議論を大学に持ち帰って意見集約をするために出席しているのではない、ということを意味する。

八月下旬には八月一日の構想を具体化するための組織として「教学準備委員会」が設置され、都立大学を除く都立三大学の学長と、都立大学の学部長が委員として招集された。しかし彼らは、それぞれの単位を代表しているとは位置づけられず、「旧大学(=都立四大学)の資源に精通した個人」としての資格で出席するものとされた。「旧大学の資源に精通した個人」という表現も奇妙な表現ではあるが、要するに、「旧大学」を新大学を作るための材料と捉え、どこにどんな材料があるのか、どの材料をどう使えばどう役立つのかなどの情報をよく知っている人、という意味である。たとえて言うならインターネットの検索ページのようなものであろう。検索ページは打ち込まれたキーワードに適した情報を提示するために存在するのであって、打ち込みもしないキーワードを検索したり、キーワードが打ち込まれることに異議を唱えることは期待されていない。現都立四大学の教員を「旧大学の資源に精通した個人」としての資格で出席させるというのは、つまりそういうことである。二〇〇三年八月、大学管理本部は、それまでの協議体制とその成果を廃棄し、以後「新大学」の設計を独断で行うことを一方的に宣言したのであった。

このような都庁の方針転換は、当然のことながら大学に大きな衝撃を与えた。八月四日には、早くも都立大・短大教職員組合中央執行委員会が「『都立の新しい大学の構想について』に対して抗議する」と題した声明を発表している。教学準備委員会の設置が打ち出され、管理本部の主導によるいわゆるトップダウンで「改革」が進められていくということが具体的に示された九月以降、学生・院生をも含めた大学構成員、さらにはそのような「改革」のあり方に問題意識を持つ都民・市民によって、激しい抗議活動が展開されることになった。以下、二〇〇五年四月の首都大学東京開学までの経過を、いくつかの段階に分けて追っていく。

第2節　「トップダウン」手法と反発

●抗議運動の広がり

ここでは、二〇〇三年九月から年末までの動きについて整理する。この時期は、大学構成員から意思決定権を完全に奪い、トップダウン式の改革推進体制を作ろうとした大学管理本部と教員のさまざまな抗議活動とが激突し、さらにもう一方の当事者である学生・院生が「戦場」に現れ、管理本部の「改革」に対して集団的に異議申し立てをした時期であった。

振り返れば、八月の「激震」は、大学構成員にとって、もっとも動きのとりにくい時期に起こったと言ってよい。七月後半から九月末まで夏休みに入っていたからである。大学構成員の多くは、研究や教育活動のため、日本はもとより世界各地に散っていた。そのため「激震」を震源近くで感知した人々から情報が広がり、さまざまなレベルで抗議活動が始まるまでには少し時間がかかることになった。

新大学での「絶滅」を一方的に宣告された文学系の各専攻で、相次いで「声明」が出されたのは九月半ば以降のことであり(ドイツ文学専攻――九月一七日付、英文専攻――九月二一日付、フランス文学専攻――九月二五日)、さらに人文学部文学科（国文、中文、英文、独文、仏文専攻）が全体として新大学での教学体制に関する質問状を管理本部に提出したのは九月二四日であった（この質問状に対して管理本部が回答しなかったため、一〇月一日付で抗議声明が出されている）。学生・院生そして都民が、都立の大学で何が起こっているのかを自らの痛覚をもって知ったのはこれよりもさらに遅く、九月二八日に都立大学教員有志の主催によって開かれた「都立四大学廃止に関する緊急公開シンポジウム」においてであった。

このシンポジウムでは、八月一日にいたる経緯と八月一日の転換が説明され、我々が知っている都立の大学が二〇〇五年四月になくなること、それを実現するために都知事を頂点とするトップダウン体制が築かれようとしていることなどが明らかにされた。ちなみにこのシンポジウムは、後に「都立の大学を考える都民の会」結成にいたる流れの起点となった点で記念すべき会であったが、学内的にも、この会は学生・院生による抗議活動開始の狼煙となった。

都立大学大学院人文科学研究科では、院生自治会は数年前に消滅していたが、このシンポジウム会場で院生が呼びかけたことによって、各専攻に連絡員を置く人文科学研究科院生会が組織され、以後、管理本部に対し「説明要求」という形で積極的な抗議活動を展開していった。理系でも同様の動きが広がり、大学院工学研究科や理学研究科で院生会（あるいは院生有志会）が結成されて抗議声明が出された。学部学生自治会も一〇月一〇日に執行部名で声明を出したのを皮切りに、「改革」に関する学内アンケートを実施したり、一一月初旬の学園祭において「改革」問題を取り上げるなど運動を展開したのである。

また、学内の階層や大学の枠を超えた連携も進んだ。一〇月一六日には都立大学の教員・学生・院生からなる「開かれた大学改革を求める会」が、また一一月一日にはこの問題に関心を抱く都民・市民による「都立の大学を考える都民の会」が発足した。ともに、署名・請願・陳情活動や抗議声明の発表、都議への状況説明など、精力的に活動を展開していったのである。

しかし、このような激しい抗議にさらされながらも、管理本部はトップダウン式に「改革」を推し進めようとする姿勢を崩そうとはしなかった。そうした姿勢を社会に対して鮮明に印象づけたのは、「同意書」の強要であった。

●「同意書」をめぐる攻防

「同意書」とは、大学管理本部が決めた新大学のプランに対して「同意し、口外しない」旨を誓約する文書であり、教員は「同意書」にサインした後に、新大学プランを提示されることになっていた。つまり、「これから開示する文書の内容にあらかじめ同意せよ。同意しなければ内容を開示しない。同意した上は、その内容を口外するな」というものである。条件を提示せず、先にハンコを押させるなどという契約書は、およそ近代社会では考えられない（と書いたものをもし古代人が見れば、やはり大いに怒るであろう）。しかし、管理本部は大真面目であった。最初に「同意書」を各学部長宛に送付したのは九月二五日だったが、その提出締め切りは一〇月二日とされていた。しかし教員の反発は大きく、結局一〇月二日の締め切りは破られた（もちろん、教員側に締め切りを守る義務があったわけでもない）。それどころか、一〇月までに管理本部主導の「改革」を受け入れようとする動きが見え始めていた学部の反発すら招くことになったのである。

こうした事態の展開を受けて、一〇月七日には、茂木都立大総長が「新大学設立準備体制の速やかな再構築を求める」と題する（異例の）声明を発表した。すると管理本部は、今度は教員の自宅に個別に郵送し、一〇月一五日を提出期限とした。教員との協議を拒否し、あくまで「同意書」の収集にこだわりを見せたのである。

しかし、いくら改めて期限を設定し、個人としての教員に強い圧力をかけたとしても、教員に「同意書」にハンコをつかせることは容易ではなかった。というよりも、このような手段を講じる相手であればこそ、彼らが差し出す「白紙委任状」にハンコをつこうという「勇気のある人」は減っていくというのが世の道理である。この一〇月一五日の締め切りは再び守られず、管理本部と教員との押し問答の中で一〇月が終わっていった。管理本部が「同意書」の収集を諦めたのは一一月に入ってから。逆に言えば、およそ一カ月間、管理本部は、教員が「同意書」にハンコをついて、管理本部の推し進める「改革」に絶対服従を誓うことを求め続けたのである。

管理本部は、このような強引な手段をとることによって、かえって反発が広がることを予想していなかったのだろうか。もし予想していなかったのだとすれば、私たちは、人間は権力を得ることによって想像力を失うのだという現実を哀しまなければならないが、当時、管理本部がどのような「つもり」でこうした手段に訴えたのかは今も不明である。私たちが哀しまなければならない可能性はきわめて高い。ただこの時期、管理本部が一刻も早く教員の絶対服従を獲得する必要に迫られていたことは確かであった。

二〇〇三年四月に再選を果たした石原都知事は、六月に開かれた都議会での所信表明演説において、「今までにないまったく新しい大学を、平成一七年度に実現いたします」と公約した。二〇〇五年三月末までに大学「改革」を終わらせると言明していたのである。しかし、二〇〇五年四月に新しい大学を開学させるためには、二〇〇四年中に文部科学省の設置審査を通過しなければならない。そしてこの審査の予備審査（仮申請）が、二〇〇三年末のこの時期、間近に迫っていた。

しかも、作ろうとしているのは「今までにないまったく新しい大学」であった。都知事の夢と理想と妄想と思いつきがたっぷり詰め込まれた新大学構想を実現しなければならない管理本部としては、大学教育を熟知している教員をできるだけ速やかに動員し、文科省の審査を通過するように、そのプランを具体化してもらう必要があった。できなければ、都知事は公約を破ったことになる。担当した官僚は出世を諦め冷や飯を食う覚悟をしなければなるまい。こうした都庁内の事情が「同意書」となって現れたのである。

●大学各層の主張と管理本部

ここで、この二〇〇三年一〇月時点における大学内各層の主張と、それに対する管理本部の対応を整理しておきたい。

まず、都立大学執行部（総長・評議会）の主張は、一〇月七日の総長声明にあるように、「改革には反対しない。ただし、大学と管理本部との間に合意形成への丁寧な努力が重ねられるべきである」というものであった。本音がどこにあったかはともかく、ひとまず「改革」という土俵に乗った上で、その方法に対して反対を唱えるという主張だったと言える。これは、「改革に反対する」と主張することによって、都知事および管理本部がマスコミを使って流布していた「保守的で頑迷な大学教員」というイメージの枠にはまり、世論の支持を失って孤立することを避けようとしたものであろう。

しかしもちろん、このような大学執行部の方針に対しては、教員の中にも反対意見が存在した。「改革には反対しない」という立場に立つことは、問題の本質を見誤っているという主張である。時期は少し後になるが、一一月末から一二月にかけて辞職した法学部の四人の教員は、こうした問題意識を具体的な行動で表したと言えるだろう。さらに後、首都大学東京が発足したとき就任を拒否した教員は、「新大学」そのものが認められないという立場に立っていた。こうした姿勢は、二〇〇三年八月一日以来のものであったと思われる。

一方、学生・院生各団体の管理本部に対する要求は、「改革の説明」と「学習・研究環境の保障」だった。この要求内容はきわめて穏健であり、穏健に過ぎるようにも見える。しかし、この程度の要求が何度も繰り返し出されていたことを知るとき、私たちはこの二〇〇三年秋の状況の異常さを、肌で感じることができるのである。

九月以降、さまざまな学生・院生の団体により出された「説明せよ」「学習・研究環境の保障を確約せよ」との要求に対し、管理本部は文書での回答を一切行わず、「説明責任は大学側にある」と口頭で言い続けていた。こうした姿勢が、当然、学生・院生のさらなる不安を招いた。文書で回答せず、しかも直接自分の口では説明しない（つまり、言質を与えない）ということは、誰がどう見ても「後ろめたいことがあるからだ」としか考えられないからである。では、「後ろめたいこと」とは何か？　それはなんだか分からないが、それを説明しないことによって起こっている「ざわめき」よりも、説明したことによって起こる「反発」の方が、管理本部にとって遥かに厄介であるような「何か」であるに違いない、と誰しも思うだろう。

こうした管理本部の姿勢が明らかになってからは、学生・院生は、むしろ管理本部が嫌がっていることを見越して、あえて要求を「説明」と「保障」にしぼった観さえある。二〇〇三年秋に在籍していた学生・院生にとって、入学金と学費を納めて入学したのは現大学であり、それが一方的に改変されるということは、まさに「羊頭を掲げて狗肉を売る」商売に引っかかったということに等しい。管理本部からすれば、学生・院生は、教員相手のように、「保守的で頑迷である」とレッテルを貼って済ますことのできる相手ではなかったのである。

この時期、管理本部には「紙爆弾」なる言葉があったと聞く。「紙爆弾」とはつまり、こうした学生・院生の団体から送りつけられる「声明」「要望」「抗議」の類のことである。学生・

院生の、きわめて穏健できわめて常識的な要望は、それがきわめて穏健で、あまりに常識的なものだっただけに、管理本部にとっては「頭痛の種」になっていたのであった。

しかも上に述べたように、レッテルを貼って片付けてしまうわけにもいかなかった。この点については、教員を「保守的で変革を望まない」というイメージの中に押し込もうとする都の戦術の片棒を担いだマスコミでさえ、学生・院生に対しては一貫して同情的だったことからも分かる。そこで管理本部は、現大学に在籍している学生・院生を今回の「改革」の利害当事者でなくしてしまおうという、思い切った策に打って出た。これが「一法人五大学」構想である。

●「一法人五大学」の提示

一〇月三一日、都立大学構内に「お知らせ」と題する紙が掲示された。ここには、現在（二〇〇三年現在）存在している都立四大学は、二〇〇五年四月に新たに設置する「公立大学法人」に包摂した上で二〇一〇年度までそのまま残すこと、「新大学」は、二〇一〇年度までそれら現都立四大学と並存することが書かれていた。つまり管理本部は、二〇〇五年から二〇一〇年度までは、公立大学法人の中に都立大学・科学技術大学・都立短期大学・保健科学大学と新大学が、ともに存在するという形になることを発表したのである（四一頁、図表3）。

管理本部は、なぜこの時期に、このような発表を行わなければならなかったのか。その狙いはきわめて単純である。上述した学生・院生の「要望」は、たとえば都立大生ならば、「自分たちは今の都立大学で学習・研究しようと思って入学し学費を払ってきたのであって、途中でサービス内容が変わることは契約違反である。サービス内容を大幅に変更しようとする管理本部には、顧客に対し十分な説明をする責任がある」というものだった。したがって、二〇一〇年度まで現大学を残し、そこに在籍する学生を新大学に編入しないということは、「あなたたちの在籍する大学は残す。当然、サービスの内容は変わらない。だから、もう、あなたたちには新大学のことに口を出す資格はないし、その必要もないのですよ」ということなのである。「お知らせ」は、執拗に紙爆弾を投げてくる学生・院生を「紛争当事者」でなくしてしまおうという文書であった。

しかし、一方で「同意書」を片手に胴間声で脅している者が、振り返るやいなや猫なで声で「あなたたちは何も心配しなくていいのよ」と言ったとして、その言葉を誰が信じるであろう。こういう相手の言うことを「うさん臭い」と感じるのは、人間が持っている本能である。現実的に考えても、「現大学は二〇一〇年度まで存続し新大学と並存する」ことは、机上の作文としては「妙案」であるが、両校の仕事を兼任する教員は、当然、現在と同じような教育・研究指導をする余裕をなくすであろう。まして教員の中には、新大学で新たに設けられる部署（たとえばオープンユニバーシティなど）に配置される教員もいる。この場合は勤務地が異なるのである。現大学での教育はどうなるのであろう。「学生・院生は当事者でなくなった」どころの話ではないのである。こうして「お知らせ」は、さらに具体的なレベルでの「説明」と「保障」

を求める運動へと、学生・院生をいざなって行ったのだった。

●都議会へ！

一一月に入ると、前述したように「都立の大学を考える都民の会」が産声を上げ、今回の大学「改革」に反対する人々、とくに学外の人々を糾合する組織として活動を始めた。また、学内の学生・院生諸団体も横の連携を模索し始めた。もちろん教員も、教職員組合や「開かれた大学改革を求める会」などを中心に抗議の意思を表明し続けた。これらの諸団体が、この時期、争点に位置づけ積極的な働きかけをしたのが、行政をチェックする役割を持つ機関、すなわち都議会であった。

都議会は、本会議と委員会から構成されている。委員会は分野によって分けられ、本会議の前に案件を検討するために開かれる。この委員会のうち、都の大学行政を所管するのが文教委員会であった。二〇〇三年第一八号文教委員会は一一月一三日から開かれ、大学「改革」について質疑が行われることになっていた。そこで各団体は、さまざまな方法で都議会を動かすべく働きかけを行ったのである。

教員組織は各派都議を訪問し、現在進められている「改革」が強引な手法で進められておりきわめて問題であること、また大学の設計としても杜撰であることなどを説明した。都立大学の教員・学生・院生からなる「開かれた大学改革を求める会」は、一一月二六日に都議会に対して請願（「東京都大学管理本部が本年八月一日以降に発表した東京都新大学構想に関する請願」）を提出した。一二月一二日にも、陳情（「東京都大学管理本部が平成一五年八月一日以降に発表した都立の新大学構想に関する陳情」）を提出している。

「都民の会」も、一二月一六日付で陳情（「都立の四大学の改革に関する陳情」）を提出した。これらの請願・陳情は、「大学側との協議体制の構築」や「在学生の学習権・研究環境の保障」、「これまでの都立の大学が培ってきた知的財産の尊重」など、きわめて穏当で、きわめて常識的な内容であった（これらの請願・陳情の結果については、本章の最後の節で改めて詳述する）。

一方、学生・院生諸団体は、一一月一三日の文教委員会に押しかける「傍聴イベント」を呼びかけていた。大勢の学生・院生が文教委員会の傍聴券を求めて並び、傍聴席を一杯にすることによって、「改革」に抗議しているのは「保守的で頑迷な」教員だけではないということを可視的に表現しようとしたのである。

またこの「イベント」の準備の過程で、都立大学内の学生・院生諸団体をまとめる「学生・院生連絡会議」が設けられることになった。連絡会議に参加した団体を列挙してみると、電気系学生有志の会、一年四四クラス、二年二三クラス、説明会を求める都立大生の会、A類自治会、史学科院生会、化学専攻院生会、生物科学専攻院生会、人文科学研究科院生会、となる（時期による出入りはある。順不同）。これらの団体は、A類自治会や史学科院生会のように構成員の総意を代表している組織から、「有志の会」のようなものまで様々であったが、理系・文系の枠組み、また学生・院生の枠組みを越えて広く問題意識が共有されていたことを示している。

このような危機意識の広がりを受けて、「傍聴イベント」当日の一一月一三日には、都議会ロビーに六〇余名が二〇枚の傍聴券を求めて並んだのであった（傍聴席は二〇席増設された）。

●設置申請をめぐる攻防と外注

このように都議会文教委員会を舞台に、「改革」の問題をめぐって争論が行われていた一一月の後半、都立大学法学部の一部の教員の間で「切り札」というべき抗議が行われようとしていた。すなわち、抗議辞職である。四人の教員が、（表向きは病気などを理由としていたが）現状進んでいるような「改革」に加担することは、自らの学問的良心に反するとして、一一月末から一二月にかけて相次いで辞職したのであった。

もちろん、突然教員がいなくなることは大学にとって痛手である。が、この辞職はそれ以上の衝撃を与えた。なぜならば、都立大学では二〇〇四年度に法科大学院を設ける予定であり、一一月下旬に文科省の設置認可が下りていたが、この四人の辞職によって「民法」を教える教員がいなくなったからである。つまり、都立大学法科大学院は認可されるや否や、直ちに法科大学院設置の基準を満たさなくなったのだった。当然、開学できるかどうか分からない大学院が入試を行うわけにはいかない。こうして入学試験が延期され、大学は教員人事を急遽行って再申請せざるをえなくなったのである。トップダウン手法による強引な「改革」は研究者に「踏み絵」を踏むことを迫り、ついに「殉教」者を出したのであった。

このように、管理本部は自らが招いた混乱によって、新大学の設立準備を思うに任せない状態が続いていた。しかし先に述べたように、管理本部は時間的な余裕を持っていたわけではなかった。二〇〇五年四月に新大学を開学するという知事の公約を実現させるために必要な、文科省に対する設置申請の予備申請（本申請の期限は二〇〇四年四月末）が、間近に迫っていたのである。

しかし、教員は一致して新大学の具体的な設計作業に距離を置き続けていた。もっとも、管理本部の姿勢は、「枠組みは管理本部が決定する。教員は、その枠組みの中で命じられた作業だけを黙々とすればよく、意見を述べることは許されない」というものだったから、教員が「距離を置き続けた」というよりも、正しくは管理本部が教員を「近づけなかった」というべきだろう。新大学で実際に教育活動を行うのは教員であり、新大学で設計に関わる問題が発生した場合、直接対応しなければならないのも教員である以上、設計そのものに対する意見の表明を封じられたまま大学の設計に携わることは不可能であった。茂木回想録によれば、この時期、都立大学は独自に「ワーキンググループを編成し、二〇〇三年八月一日までの検討の成果をふまえ、大学院の理念と構成、教育課程に関して対案づくりをすすめ」ていたと言う。

●河合塾への外注

こうした（出世が危うくなるかもしれないという）危機的な状況の中で、管理本部がとった手段が河合塾への外注であった。「枠組みは管理本部が決定する。それを文科省の設置審査を通るように肉付けせよ」という注文を、河合塾は三〇〇〇万円で引き受けたのである。一二月五日のことであった。

しかし、この、「受験産業」の枠組みを超えて大学に関する各種の情報を集積し、大学運営に関するコンサルティングを行っていることで全国に勇名を轟かせている大企業も、管理本部の強硬姿勢に泣かされることになる。

河合塾の第一案が管理本部に提示されたのが二〇〇四年一月八日。ところが、この第一案は管理本部によって拒絶された。管理本部の考える枠組みでは、現在の都立大学を「都市教養学部」とし、その内部には学科や専攻の枠組みを一切設けず、「学際的な教育」を行うとしていた。これに対して河合塾は、正月休みを返上してあれこれ考えてはみたが、「新大学を作るには、どうしても専攻の枠組みが必要である」という結論に到ったのである。要するに、管理本部の枠組み（学問分野による区切りを設けない）では、大学の設計をすることなど到底不可能、ということであった。

なお、こうした「学問分野による区切り」をできるだけ低くしようとしたものが、第一章で見た「都市教養プログラム」である。この「都市教養プログラム」をめぐる混乱を見るとき、このとき管理本部が作ろうとしていた「大学」の非現実性はいっそう明らかである。

作り直しを命じられた河合塾は、結局、発注者の意向には逆らえず、管理本部の枠組みに沿った設計をやり直して一月半ばに再提出した。もちろんこのような「転向」は、設立後の大学運営に責任を持たない河合塾だからこそできたことである。それでは、この河合塾案は最終的にどうなったのか。結末を先取りして言えば、このあと実際に文科省に対して申請された新大学の設計図には、河合塾案は反映されていなかった。つまり、くどいようだが、管理本部の枠組みでは日本国において「大学」を名乗る資格を持つ学校を作ることなどできなかったのである。都民の税金三〇〇〇万円は、こうしてむなしくなったのだった。

この時期、「改革」が順調に進んでいないことに対して都知事も苛立ちを隠さなくなっていた。一二月二四日の定例記者会見で、石原都知事は「反対者は保守的な文科系の教員である」と発言するに到る。このとき都知事は、教員がトップダウン式の手法に反対しているために改革が進まないと考えていただろうが（そしてそれ自体は間違いではないが）、自分が思いつきで行おうとしている「改革」の非現実性は、いかにトップダウン方式全開で改革を行おうとも、決して現実性に変わることはないということを知るべきであった。トップダウンの名の下に自由な意見表出を禁じたため、教員に問題があるのか、プランそのものに無理があるのか客観的に評価することができなくなっていたのである。

となれば、目の前にある事態を自分の都合のいいように解釈していくのは人の性であろう。トップダウンを導入しようとするトップは、自分には物事を客観的に捉える目があるという自信がなければならないが、そうした自信があるという点で、すでにトップダウン組織のトップに座る資格をなくしている。人は誰しも周囲の人々と同じぐらい利口で、周囲の人と同じぐらいバカなのである。

さて、このように外注が「金持ちの道楽」に終わった管理本部は、いよいよ、教員を切り崩し大学の設計作業を担わせようと圧力をかけていくことになる。二〇〇五年四月に新大学を開学させるための設置申請の期限は二〇〇四年四月末。リミットは刻一刻と近づいていた。

第三節　設置申請をめぐって

●都立大学の絶唱

二〇〇四年の「山場」は三月であった。この月、四月末の設置申請期限を睨んで管理本部と大学側との間できびしい駆け引きが行われた。ここでは、この「山場」について語る前に、二〇〇四年の一月から二月にかけて現れた抗議のうねりについて述べておきたい。振り返れば、この時期の抗議は運動全体のピークをなすものであった。

教員の具体的な抗議の意思表明として、一月一四日、都立大の経済学部「近代経済学グループ」が新大学構想に対する抗議声明を発表し、計画の抜本的な見直しを要求した。このグループは、二〇〇三年七月に文科省二一世紀ＣＯＥに採択されたグループであったが、後に新大学が「人類の公共財としての学術知識の発展に寄与するという大学本来の使命を放棄し、他者の成し遂げた基礎的研究の成果に寄生するだけの存在として構想されている」としてCOEを辞退し(二〇〇四年一〇月)、メンバーの教員の多くは新大学への就任を拒否して大学を去ることとなる。

また一月一五日には、都立四大学の助手一三四人が共同で声明を発表した。ここでは、大学教育における助手の必要性と重要性について触れた上で、そうした助手の役割を管理本部は全く理解していないこと、それどころか、対話を拒否するという姿勢が端的に物語っているように、理解しようともしていないことを批判している。

この助手の動きに見られるように、新大学構想に反対していたのは都立大学の教員だけではなかった。一月二一日、都立四大学の教員の過半数(四三二名)によって声明が出された。この声明は、「現在進められている一方的で独断的な『新大学設立』準備を直ちに見直し、教授会、評議会に立脚し、開かれた協議体制のもとでしっかりとした改革の方向を検討し、新しい大学を作っていくための取り組みを進めること」を要求している。

またこの一月二一日には、二〇〇三年一一月の「都議会傍聴イベント」を契機として立ち上がった学生・院生連絡会議の主催で、都立大学において「学生・院生集会」が開かれた。これは、混乱が続く大学「改革」の現状と行方について、学生・院生の間で情報を共有するべく開かれた集会であった。都立大学の学生・院生を中心におよそ三〇〇人が出席した。ここでは、二〇〇三年秋以降さまざまな形で運動を行ってきた学内諸団体がそれぞれ持っている情報を提供する一方で、「改革」の進め方に抗議し、かつ管理本部に対して十分な説明を求める「抗議声明」が採択された。さらに集会の後、この「抗議声明」に対する署名活動が都立大学学内で展開され、約二〇〇〇人が署名した。

こうした学内の動きに並行して、都民・市民による抗議運動も一つの「山場」を迎えていた。「都民の会」が二月二八日に開いた集会（「東京都の教育『改革』で、いま起こっていること」）は、およそ一八〇〇人の参加者を集め、会場となった日比谷公会堂を埋めたのである。

この集会では、改めて都立の大学「改革」に対する反対の意思表明がなされるとともに、石原都政の現場で起こっているさまざまな問題（都立図書館・都立病院への予算削減、養護学校への攻撃、「君が代・日の丸」の強制など）や、全国的に進む国公立大学の独立行政法人化問題などに取り組んでいる人々の発言によって、都立四大学「改革」問題が、石原都政全体が抱える問題の一部であること、またそれは引いては日本社会の中で進行している危機の一部であることが明らかにされた。集会の最後には、「都立の大学が都民の教育・文化・生活の発展とともにあることを強く訴える」としたアピールを採択した。

以上のように、二〇〇四年一月〜二月は、学内・学外を問わず「反対」の声が大きく叫ばれた時期であった。こうした意志の表明は、この大学に集った人々が、いかに自律的に思考し、いかに鋭い批判力を持っていたのかを示している。都立大学は、自由で自律した個人を育み、都民にそうした価値を涵養してきた大学である。この時期さまざまな人が上げた声は、自由と自律性を重んじてきた都立大学の絶唱であった。

しかし、管理本部はこうした声を省みることなく、「改革」を推し進めようとしていた。新大学の名称を「首都大学東京」に決定し（二月六日）、首都大の理事長予定者に高橋宏氏を、学長予定者に西澤潤一氏を内定した。そして、教員に対して一層強引な手段で圧力をかけていったのである。

●「意思確認書」の送付と教員の分裂

二月一〇日、都立四大学に所属する教員のもとに管理本部から「意思確認書」が到着した。「意思確認書」とは、簡単に言えば、首都大に就任する意思があるかどうかを確認する文書である。山口管理本部長名で出された。

「意思確認書」は、二〇〇三年末の法学部四教員の辞職とそれによる法科大学院の混乱について触れたうえで、次のように述べている。

「このため文部科学省からは、設置認可の申請にあたっては、専任教員予定者から早期に確実な意思確認をとり、法科大学院のような事態を二度と招くようなことのないよう対応されたいとの強い意見がありました。そこで、本申請に必要な就任承諾書提出に先立って、今回、首都大学東京の就任の意思確認を緊急に行わざるを得なくなりました。提出いただいた意思確認書は時間的にも本調査は最終の意思確認とご理解いただき、四月三〇日の本申請に向けての三月の運営委員会（大学設置審議会）に必要な資料として集約し、文部科学省に報告する予定です。」

この文章で注意しておくべきことは、「意思確認書」によって教員の意思を確認しなければならないのは、設置申請に向けて資料を作成するためであること、そして、それは文科省からの要請でもあるとしていることである。こうした事情説明に「最終の意思確認」という表現が加われば、教員に対して相当強い圧力がかかることは容易に理解できる。さらに管理本部は、「意思確認書」を提出しない教員には、法的に正式な書類である「就任承諾書」を配布しないとも述べていた。提出の締め切りは二月一六日とされた。

しかしこの「意思確認書」に対しては、教員が反発したのは当然として、文科省も不快感を顕わにした。文科省は、管理本部に対してたしかに法科大学院のときのようなトラブルを回避するようにとは言ったが、「意思確認書」のような文書を教員から集めろとは一言も言っていないとしたのである（二月一二日）。管理本部はついに詐欺的手段を使うまでに堕した。

とはいえ、この「意思確認書」によって教員の間に大きな動揺が走ったことは事実であった。早い段階に「意思確認書」を提出しないことで一致した人文学部と理学部を除いて、法学部・経済学部・工学部ではかなり議論が紛糾した。法学部では、二〇〇三年八月一日以降、一貫して管理本部の進める「改革」に積極的に賛同し、首都大の都市教養学部の学部長になると目されていた前田雅英法学部長を支持する教員グループと、これに反対する教員グループが対立した(実際に前田氏は、二〇〇五年四月に首都大の都市教養学部長に就任した)。経済学部でも「意思確認書」の提出もやむなしとする経営学の教員と、今回の「改革」に断固反対する前述したCOEグループ（近代経済学）とが対立した。なお、前田法学部長に反対していた教員の多くも、のちに首都大への就任を拒否して都立大学を去る。

一方、工学部は、この「意思確認書」が法的拘束力を持たないことを確認したうえで、「改革」に反対している教員を区別する「踏み絵」とならないように（という、何だかよく分からない理由で）、所属する教員が一致して「意思確認書」を提出することに決した。

また、都立大学以外の都立三大学は、保健科学大学と都立短大では全教員が、科学技術大学では四五人中四三人が「意思確認書」を提出した（二月末の数字）。つまり「意思確認書」は、都立大学と他の都立三大学との間を、また都立大学の内部では人文学・理学と法学・経済学・工学との間を、さらに法学部・経済学部の中では教員の間を分断することに成功したのである。

しかし、全体から見れば、「意思確認書」の提出率はなお十分ではなかった。ほぼ全員が提出した都立三大学の教員数を含めても、六〇％に満たなかったのである（二月一九日文教委員会での大村参事答弁による）。管理本部が二月中に「意思確認書」の提出によって確保した人数では、首都大で組まれる予定の授業カリキュラムに必要な教員数を満たすことができなかった。このことは、「意思確認書」の提出を拒否した人文学部と理学部が、教養教育の大部分を担当するという事情も大きく影響していた。そのために管理本部は、二月後半、人文学部と理学部に対し「このままでは都市教養学部の設計ができないので、今後は教員の新たな公募や非常勤の雇用によって穴を埋める」旨、通知する。しかし結局は、当初三月四日に予定していた文科省の設置審運営委員会への書類提出を見送らざるを得なくなったのであった。

●管理本部の「最後通牒」と「意思確認書」の提出

以上のように二〇〇四年二月は、管理本部から教員に対して「意思確認書」提出への圧力がかけられ教員間の分裂が顕在化する一方、設置申請の準備は滞ったまま、という緊張状態が続いていた。こうした状況を打開するために、大学側と交渉しようとする動きも水面下で生じていた。二月初旬に首都大法人の理事長予定者に内定したばかりの高橋宏氏が、内定直後、茂木総長と面談したのである。

このときの話し合いについて、茂木前総長は、「〔高橋〕氏は〔茂木総長らの説明に〕よく耳を傾け、また一度大学にきて評議会メンバー等と懇談してほしいと申し入れるとこれも快諾した」と回想している（茂木回想録）。「評議会」とは都立大学の最高意思決定機関であるから、これは、理事長予定者が「改革」について現大学の意思決定機関と交渉していくということに他ならない。

しかしこうした理事長予定者自身による膠着打破の試みは、管理本部によって圧殺された。茂木回想録によれば、二月初旬の茂木‐高橋会談を知った管理本部は激怒し、以後、高橋氏は大学側と自由な懇談の機会を持たなくなったと言う。

このように理事長予定者による「仲裁」を封じた管理本部は、三月九日、首都大学長予定者の西澤氏と連名で「最後通牒」（正式には「大学管理本部見解」）を突きつけた。前述したとおり、管理本部は当初三月四日に予定していた文科省大学設置審査会への書類提出を見送っている。おそらく、このことが九日の「最後通牒」につながったのであろう。「同意書」から数えて三度目の強硬姿勢を教員に見せつけ、屈服を迫ったのであった。

この「最後通牒」は、「改革」の最終的な転換点を招いたという意味で歴史的な文書であるが、これが公権力を行使する行政機関によって作文されたという意味でも記録に残すべき文書である。東京都民は、自分たちの自治体の行政が、こうした文書を作る人々によって運営されているということに戦慄すべきである。未来永劫伝えるべく、ここに挙げておく（なお、大学院に関する部分は省略した。全文は、茂木回想録および『都立大学はどうなる』に掲載されている）。

大学管理本部見解

三月八日に都立大学総長に対して大学管理本部長として三点にわたるコメントを申し上げました。その内容を、西澤学長予定者にも確かめたところ、考え方が一致しておりましたのでお知らせいたします。

平成一六年三月九日

学長予定者　西澤潤一
大学管理本部長　山口一久

記

1　今後の改革の進め方

第一回都議会定例会での知事の施政方針のとおり、知事には全く新しい大学として「首都大学東京」を一七年度に断固として開学する強い思いがある。改革の本旨に従い、引き続き教学準備委員会を中心に検討・準備を進める。

改革に積極的に取り組み先生方とともに、「首都大学東京」を創る。

改革である以上、現大学との対話、協議にもとづく妥協はありえない。

「首都大学東京」は、東京都がそこに学ぶ学生や東京で活躍するさまざまな人々のために設置するものであり、教員のためではないことを再確認して欲しい。

2　大学院の検討〔省略〕

3　意思確認書提出の取り扱い、混乱の責任

新大学に前向きな姿勢で期限を守って提出いただいた方々と三月に入ってから提出された方々を同様の扱いとする訳にはいかない。何らかの仕切りが必要である。

また、公に改革に批判を繰り返す人たち、意思確認書の提出を妨害する人たちには、意思確認書が提出されたからといって、建設的な議論ができる保障がない。

なんらかの担保がないかぎり、新大学には参加すべきでない。
学内を主導する立場にある、総長、学部長（研究科長）、教授クラスの教員にあっては、混乱を招いた社会的、道義的責任を自覚すべきである。

若干の説明を加えておく。「最後通牒」は、まず、あくまで大学側との「交渉」はせず、管理本部のプランに沿って首都大の設立に「積極的に取り組む先生方」と作っていく姿勢であることを強調している。ここでの「積極的に」は、「唯々諾々と」あるいは「嬉々として」の意味である。

「3」に述べられている「期限」云々とは、「意思確認書」のことを指している。「三月一日」を一つの区切りとして、二月中に提出した教員と、それ以降に提出した教員との間に、扱いにおいて差別すべきだということである。先には触れなかったが、じつは、三月四日、理事長予定者による「仲裁」が最終的に潰されたことを踏まえ、理学部（理学研究科）教授会が「意思確認書」の提出を決めていた。またこうした理学部の動きを見て、翌三月五日には人文学部の一部の学科からも「意思確認書」が提出されている。「三月一日」の区切りとは、二月中に提出した法学・経済学・工学と、三月に提出した理学・人文学（一部）とを区別するということを意味している。

管理本部が「最後通牒」を出して教員に最終的な圧力を加えたのは、こうした状況から、大学側の「足元」が揺らいでいることを感じ取ったためであろう。また、最後に残った人文学部を切り崩す狙いも込められていたと考えられる。このような「仕切り」を設けることによって、三月五日に提出した人文学部の一部学科からすれば、「人文執行部の方針の誤り」のために、二月中に提出していれば受けなかったはずの不利益を被ることになったと言えるからである（ここでは、管理本部にそうした狙いがあったと言っているのであって、提出した学科が実際にそのように考えた、とは全く言っていない）。

さらに「最後通牒」は、この三月九日の時点で「意思確認書」を提出していない教員に対して、もし今後「意思確認書」が提出されたとしても「建設的に議論ができる保障がない」として、「何らかの担保が必要である」と述べている。この「担保」とは、（日本語の使い方として間違っているような気もするが）具体的には「謝罪」、それも「謝罪会見」のような降伏儀式を行うことを指していたと思われる。管理本部に逆らった者に加えられる制裁が、いかなるものであるかを示そうとしたものであると言えるだろう。これは、この時点で「意思確認書」を提出していなかった教員に対する強い圧力であると同時に、「意思確認書」を提出した教員の中に残っている「異論の芽」を摘んでしまおうとするものであった。

ここでは、こうした「最後通牒」の記述一つ一つにコメントすることはしないが（というよりも、認識の根底が異なっているため一つ一つにコメントすることにあまり意味はない）、二〇〇三年八月一日以降の「混乱」の責任がすべて大学側にあるという立場で全文を書き通し、その上さらに教員に反省と謝罪を迫っているという点に驚かされる。いったい、いかなる人格がこのような所業をなしうるのであろう。

しかし、この「最後通牒」が大学に与えた衝撃は、やはり大きかったと言わなければならない。結果を先に言えば、この後、最後まで「意思確認書」の提出を拒んでいた人文学部が「意思確認書」を提出し、設置申請のための作業に加わっていったからである。

「最後通牒」が出された三月九日以降の都立大学の動きをまとめておく。茂木回想録によれば、「管理本部の『恫喝文書』〔本項で言う「最後通牒」〕は、文科省への設置申請の時期が間近に迫っている状況における都側のあせりをあらわすものであると見た」茂木総長は、大学管理本部を通じた呼びかけによって、三月二三日に都立四大学学長、大学管理本部長、理事長予定者による懇談会を開催した。その結果、二九日に開かれた教学準備委員会で「今後は大学と十分な協議をおこなう、大学院部局化を推進する、基礎研究も重視する大学作りを進める、などの方向性が確認された」という。

たしかに、管理本部には焦りがあったであろう。また、二三日の懇談会が実現し、一定の「協議体制」が作られたのも事実である。しかし、この三月半ば、大学側が闘える状態になかったことを見逃すわけにはいかない。「意思確認書」を提出していないのはもはや人文学部だけであり、しかもその内部は分断されていた。そしてその人文学部は、三月二二日に「意思確認書」提出に踏み切っているのである。日付から考えて、この二二日の提出と二三日の懇談会との間になんらかの関係があることは、容易に想像がつく。二三日の懇談会は、人文学部の「意思確認書」の提出を対価として実現したものではなかったか。

三月二二日に人文学部教員からの「意思確認書」の提出を受けた管理本部は、三月下旬、上述のように「協議体制の構築」という姿勢を見せ、教員を首都大の設置申請書類の作成に就かせた。その上で、四月に入ると再び強硬姿勢に転じる。四月八日付で教員に対して提示された管理本部の文書では、三月に合意したはずの大学側との協議については一切触れず、「意思確認書」を提出した以上は文部科学省への申請段階で反対運動を展開するということは許されない、としたのである。

こうした管理本部の姿勢に対し、茂木総長は四月九日に「全学教員のみなさんへ（緊急）」と題する文書を出し、四月八日付の管理本部文書の内容が三月時点での「合意」内容と大きく食い違っていること、したがって「総長としては了解できない部分」が多く含まれていると主張した。しかし、この大学側の反論の結果、三度、管理本部が方針を改めたという痕跡は残っていない。「意思確認書」をめぐる二月〜三月の攻防は、「都側のあせり」に教員が乗じて「協議」体制の構築を勝ち取ったという茂木回想録の流れで捉えるよりも、教員側の分裂に乗じ、さらに「協議」をちらつかせることによって、教員に申請書類作成の作業を始めさせるという当初の目標を実現した管理本部のペースで進んだと見たほうがよいと思われるのである。

なお、この時期、前述したＣＯＥグループ（近代経済学）は、「意思確認書」の提出を拒み続けていた。そのため、全学が首都大申請書類の作成に取りかかったこの時期、経済学科をどのように首都大に組み込むのか大きな問題となっていた。大学側は慰留に努めたが、管理本部はあくまで「意思確認書」を提出しなければ学科を設けないとする姿勢に固執した。結局、首都大の設計図から経済学科の名前が消えることになった。このことから、「意思確認書」を提出した教員たちの選択が現実的な選択であったことは証明されたが、逆に言えば、設置計画とその手法が体質的にはなんら変わっていないのに、設置申請書類の作成に多くの教員が参加したことになる。

二〇〇四年四月二八日、管理本部は文科省に首都大の設置を申請した。

●「就任承諾書」をめぐって

文科省に対する新大学の設置申請は、何度も述べているように、開学しようとする前の年の四月末日がその締め切りであった。しかしじつは、この四月末の時点で申請書類のすべてを提出しなければならないわけではない。もちろん、学部・学科構成やカリキュラムなど基本的な骨格に当たる部分の設計図は最初に提出する必要があるが、より詳細な内容、たとえば具体的な教員配置については、審査が進んだ段階で追加で提出することができる。五月以降の攻防は、審査の最後に必要な書類、すなわち教員の「就任承諾書」の提出をめぐって争われたのであった。

「就任承諾書」とは、その大学への就任を承諾したことを示す公式の文書であり、これが出そろって初めて計画中の大学が本当に成立するかどうかの判断が下せる。当然、管理本部は、四月末に提出した申請書に描かれている概要を満たすだけの教員から「就任承諾書」を集める必要がある。大学側はこれの提出を盾にして管理本部と交渉を行なった。

文科省の設置審査にはいくつかの区別があり、最も簡単な審査（たとえば、既存の大学をベースにした組織変更など）の場合には七月に認可される。逆に、新規に大学を設立しようとする場合にはより詳細な手続きが必要となり、認可は九月か一一月となる。したがって、管理本部と教員はひとまず七月を睨んで対峙することとなった。

ここで、教員の動きを説明する前に、学生・院生の動きについて簡単に触れておく。学生・院生の諸団体は、二月の署名活動以降、目だった活動は行っていなかったが、この時期にも活動を止めていたわけではない。学生・院生連絡会議は引き続いて開かれ、文系・理系、学生・院生の間の情報交換の場として機能していた。また人文院生会は、都議会への働きかけを続けるとともに、設置審議を行っていた文科省に赴き、在学生の置かれている悲惨な状況について説明している。さらに六月七日から一〇日まで、ある学部学生が七五時間の抗議ハンストを実施した。このように、学内からの声は上がり続けていたのである。

しかし大学全体(とくに教員)の動きを見れば、この「就任承諾書」をめぐっては、「意思確認書」の際（初期）に見られたような大学全体で歩調を合わせた動きは、もはや見られなかった。

都立大学の教員に配布されたのが五月下旬。そのときには「中間取りまとめ」が六月四日、「最終取りまとめ」が六月一七日とされていた。こうした日程を受けて、六月四日に「四大学教員声明呼びかけ人」の主催で「緊急四大学教員集会」が開かれ、「就任承諾書（助手に対しては『意思確認書』）の提出の前提となる諸条件を明確にすることを強く求める」と題する決議が挙げられた。しかし、その動向が注目されていた理学部（理学研究科）も、助手の配置問題などで不安な点があるとしつつ「就任承諾書」の提出に踏み切った。六月一七日の時点で「就任承諾書」を提出していなかったのは、人文学部の一二四名を含めた一五〇名程度になっていたのである。

そして人文学部も、一七日からの一週間における管理本部との折衝の中で、①新大学において大学院を重視すること、②新大学において教授会人事権を認めること、の二点についてある程度の前進が見られたとして、二四日に開かれた教授会で「就任承諾書」提出に向けて動き出すことを決した（なお②については、そうした前進は見られなかったと解釈する教員も存在する）。ここに、新大学の設置に必要な最低限の教員数が確保され、首都大は設置認可に向けて大きく一歩を踏み出したのである。

●設置認可

とはいえ、文科省大学設置審議会の設置認可は七月には下りなかった。詳細な理由は不明であるが、先に述べたように、早期認可は既存の大学を改組する場合に適用されるものであって、大学の構造を大きく変え、しかも教員の流出が止まらない首都大は早期認可の対象ではなかったと言える。もちろん、大半の教員が「就任承諾書」を提出したとはいえ、二〇名余りの教員が首都大への就任を拒否したということも大きな影響を与えたであろう。二〇余名もの教員が確保できなければ、四月に提出した設計図の通りには大学は設立できないからである。

文科省大学設置審議会が文部科学大臣に対して首都大の設置を認可するよう答申したのは、九月二一日のことであった。そこには、異例とも言える「留意事項」と「その他意見」が付されていた。

〈大学設置審議会の答申から〉

【留意事項】

1　既設大学の教育研究資源を有効に活用し、統合の趣旨・目的等が活かされるよう、設置者及び各大学間の連携を十分図りつつ、開学に向け、設置計画（教員組織、教育課程の整備等）を確実かつ円滑に進めること。

2　名称に「都市」を冠する「都市教養学部」の教育理念を一層明確にし、これにふさわしい特色を持つ体系的な教育課程の編成に一層の配慮をすること。とくに分野横断型の「都市政策コース」や「都市教養プログラム」等、要となる科目群の教育内容について独自性が十分発揮されるよう、その充実を図ること。

3　関係組織間の適切な連携の下、単位バンクシステムや学位設計委員会等の新たな試みが円滑かつ有効に機能するよう努めること。

4　学生の選択の幅を拡大するコース制等を導入するに当たっては、大学設置基準第一九条に掲げる教育課程の体系的な編成に十分留意すること。また、学生が科目等の選択を円滑に行えるよう、きめ細やかな履修指導体制の一層の充実を図ること。

5　平成一八年度開設に向けて構想されている新たな大学院については、新大学の趣旨・目的等にふさわしいものとなるよう十分に配慮した上で、その構想を可及的速やかに検討し、示すこと。

【その他意見】

1　「教養」という普遍的性格を持つ語に、「都市」という限定的な語を冠することについて、現時点においては違和感を覚える場合もあろうから、今後の教育研究活動の展開に当たって、「都市教養」という新たな概念が幅広く理解されるよう努めること。（なお、開学に先立ち当該学部・学科の名称を再検討することを、当審議会として妨げるものではない。）

2　教育研究の質を担保するためには、教員の意欲・モラルの維持・向上を図ることが必要であるので、そのための環境の整備に努めること。当面、設置者においては設置構想に係る具体的かつ正確な情報を適時に提供するなど、設置者と教職員が一致協力して開学準備にあたる機運の醸成に努め、設置計画を円滑に履行する体制を確立・維持すること。

3　新大学の使命に掲げる「大都市における人間社会の理想像の追求」のためには、様々な学問的アプローチを必要とすることから、学問分野間の均衡のとれた教育研究体制の構築に一層努めること。

ここには、文科省大学設置審議会の抱いた危惧が示されている。しかし、それは「改革」をめぐる騒動の中で、教員が、学生が、院生が、そして都民が、繰り返し繰り返し訴えてきたことであった。本稿では、先にトップダウンについて述べる中で、改革が進まない原因が教員にあるのかプランそのものにあるのか、自由な意見表出を禁じたため客観的に評価することができなくなっていたと述べた。設置審議会は、最終的には首都大に認可を与えた。しかしこの付帯意見は、都知事の「思いつき」と管理本部のプランニングが、大学改革をここまで混乱させ、迷走させ、困難にさせた元凶であると喝破しているのである。

本項の最後に、二〇〇四年秋以降の状況を簡単に触れておく。一二月一六日、東京都議会は定例会において「東京都立大学条例等を廃止する条例」と「公立大学法人首都大学東京定款」を可決した。これによって、都立四大学の廃止（ただし、二〇一〇年度までは首都大法人の中に存続）と首都大法人の成立が決定した。そして、二〇〇五年四月一日、首都大が開学したのである。

なお、首都大の開学を翌日に控えた二〇〇五年三月三一日早朝、都立大学の校門に掲げられていた「首都大学東京」のプレートが何者かによって剥がされ、校地横の雑木林の中の池に捨てられているのが発見された。このようなプレートといえども「都民の財産」であり、許されざる犯罪であると言わなければならないが、このプレートを掲げた者こそ「都民の財産」をもっと大きく、取り返しのつかない規模で破壊したのだということを考えれば、そうした行為に及ぶ者がいたとしても「むべなるかな」と言うところであろう。

この日、校門脇の桜の木が、満開の花を風に散らせていた。

第4節 「改革」をめぐる責任の所在

さて、以上のように今回の大学「改革」の経過を見た上で、責任の所在について検証しておきたい。

●石原都知事の責任

前述の通り、今回の「改革」は、それまで都立の四大学と大学管理本部との協議体制の下で進められてきた「都立新大学設立準備」を石原都知事が突然白紙撤回し、彼の構想を実現すべく大学管理本部が強権を用いることによって行われたものである。したがって今回の「改革」の根本的な責任は、改めて言うまでもなく、突拍子もない構想を押しつけた都知事にある。

前章で見たような現在の首都大の混乱は、二〇〇三年に打ちだされた都知事の大学「改革」構想が、研究機関・教育機関としての大学の本質をまったく顧慮しないものであったことに起因している。「従来の学問体系にとらわれない学部構成」や「選択と評価による新しい教育システム（＝単位バンク）」など、都知事が「これまでにない全く新しい大学」と胸を張った「改革の看板」は、首都大をいたずらに混乱させる元凶となっているのである。

都知事は、今回の大学「改革」に反対する教員や都民に対し、「保守的な人が反対しているだけであり、「保身である」と切り捨て、耳を傾けることはなかった。しかし、いまこれらの「改革の看板」がことごとく失敗の色を濃くしているのは、教員や職員が「抵抗勢力」だったからではない。もともと実現が困難な「机上のプラン」を、現場の「プロ」たちが止めるのも聞かず実現しようとした、ということに由来しているのである。

●東京都大学管理本部の責任

とすれば、次に責任を追及されるべきは、そうした都知事の「思いつき」を行政の「プロ」として批判することなく（あるいは、都知事の「思いつき」を利用する形で）、大学「改革」を主導して、営々と築き上げられてきた都民の財産である大学を破壊した東京都大学管理本部であろう。

大学管理本部の「改革」の進め方は、きわめて強権的であった。「改革」は、大学との協議体制を構築することなく、既存の大学内組織を無視して進められた。教員たちに対しては、新大学就任への「同意書」や「意思確認書」を提出するよう恫喝も行われた。また、教員・学生・院生から、「この改革では教育・研究環境が維持できない」と再三にわたって警告を受けながら、これを実質的に無視し続けた。現在の首都大の教育・研究環境を見れば、この間の管理本部の「改革」の進め方に致命的な欠陥があったことは明らかである。

だが、こうした問題よりもさらに問題と思われるのは、この間、大学「改革」を指揮し、大学管理本部の全ての行動に責任をもっていた本部長と、新大学における教学内容の検討の責任者であった参事が、二〇〇四年四月に新大学の設置申請書を文部科学省に申請した後、設置認可の告知も新大学の開校も待たず、直ちに他の部署に異動してしまったことである（図表6）。本部長は「主税局長」に、参事は「知事本局国際共同事業担当部長」に異動した（二〇〇四年七月）。これに続いて、新大学の経営面の検討の責任者であった参事も、二〇〇五年二月、都議会定例会に公立大学法人の定款と中期目標の素案を提出した後、「主税局参事」に異動してしまった（二〇〇五年四月）。

すなわち、今回の「改革」を通じて中心的役割を担っていた者たちは、自分たちが進めた大学「改革」がどのような結果を生んだのかを見ることなく、そして、その混乱の収拾を後任に

図表6　大学「改革」と大学管理本部

<table>
<tr><th>年月日</th><th>事　項</th><th>大学管理本部の幹部員</th></tr>
<tr><td>02年 4月 1日</td><td>改革推進担当部長　菊池輝雄
参　事　清水克則</td><td rowspan="2">本部長　鎌形満征
調整担当部長　久保大
改革推進担当部長
菊池輝雄
参　事　清水克則</td></tr>
<tr><td>5月</td><td>「都立新大学設立準備委員会」のもとで、新大学設置準備が進められる。</td></tr>
<tr><td>03年 6月16日</td><td>本部長　山口一久
参　事（改革推進担当）大村雅一</td><td rowspan="8">本部長　山口一久
参　事　大村雅一
参　事　宮下　茂</td></tr>
<tr><td>8月 1日</td><td>参　事（調整担当）宮下茂
石原慎太郎都知事「都立の新しい大学構想」を発表。
以後、大学管理本部長をトップとし、教学面は教学準備委員会（大村参事担当）、経営面は経営準備室（宮下参事担当）で検討が進められる。</td></tr>
<tr><td>9月25日</td><td>各大学学部長に対して「同意書」を配布 →「同意書問題」勃発。10月23日収束。</td></tr>
<tr><td>12月5日</td><td>河合塾に、新大学の設置主旨や設計について委託。</td></tr>
<tr><td>04年 2月10日</td><td>各大学教員に対して「意思確認書」を郵送→「意思確認書」問題勃発。3月23日収束。</td></tr>
<tr><td>4月28日</td><td>「首都大学東京」設置認可の申請書を文部科学省に提出。</td></tr>
<tr><td>7月 中旬</td><td>「就任承諾書」未提出者多数のため、大学設置・学校法人審議会での早期認可が見送られる。</td></tr>
<tr><td></td><td></td></tr>
<tr><td>04年 7月16日</td><td>本部長　村山寛司</td><td rowspan="5">本部長　村山寛司
参　事　紺野秀之
参　事　大崎徳三郎
参　事　宝月大輔
参　事　宮下　茂</td></tr>
<tr><td>8月 1日</td><td>参　事（新大学設立準備担当）紺野秀之
参　事（新大学設立準備担当）大崎徳三郎
参　事（産学公連携担当）宝月大輔</td></tr>
<tr><td>9月 末日</td><td>文部科学大臣の設置認可がおりる。</td></tr>
<tr><td>12月</td><td>公立大学法人首都大学東京の定款を「平成16年第4回都議会定例会」に提出 →可決。</td></tr>
<tr><td>05年 2月</td><td>公立大学法人の中期目標の素案を都議会文教委員会に提出。</td></tr>
<tr><td>05年 4月 1日</td><td>本部長　馬場正明</td><td rowspan="2">本部長　馬場正明
参　事　紺野秀之</td></tr>
<tr><td>6月</td><td>公立大学法人の中期目標を「平成17年第2回都議会定例会」に提出 →可決。</td></tr>
</table>

委ねてみな異動してしまったのである。これは官僚制の常とはいえ、あまりに無責任であると言わざるをえない。都立の大学を破壊した責任者としての都知事の名前は自ずと記録も記憶もされようが、彼ら都庁官僚の名は都議会の議事録にしか記録されない。したがってここに特に名を挙げ、青史に刻むこととする（図表6）。

●東京都議会の責任

また、今回の「改革」においてさらに問題であったのは、こうした行政のあり方に対して、本来はチェックする機能を負っているはずの東京都議会が、全く機能しなかったことである。このことを象徴的に示したのが、二〇〇四年都議会第一回定例会に提出された請願と陳情への対応であろう。

前述の通り、二〇〇四年の都議会第一回定例会には、今回の「改革」に関わるものとして請願一件と陳情三件が提出された。その内容は図表7の通りである。

それぞれ、都立四大学の教職員・学生からなる「開かれた大学改革を求める会」と、私たち「都立の大学を考える都民の会」が提出したものである。これらの内容はきわめて穏当なものであり、本来であれば、改革に際してこうした請願や陳情がだされること自体が問題とされるべきものであった。

ところがこれらの請願と陳情は、都議会文教委員会において、請願が保留とされたほかは三

図表7「平成16年第1回都議会定例会」に提出された請願と陳情

I	新大学構想に関する**請願**	都立四大学の教育研究上の蓄積を生かした大学づくりをして欲しい。	保留
II	都立の新大学構想に関する**陳情**	①大学管理本部は、直接に説明する場を設けること。 ②教学準備委員会等の議事録を作成し、関係者に公表すること。	不採択
III	新大学構想に関する**陳情**	①大学管理本部は構想を見直し、非民主的な準備体制を改め、大学構成員と開かれた協議を行うこと。 ②都立四大諫早学に在籍する全学生の学習権の保障を確約し、具体的な方策を提示すること。	不採択
IV	都立の四大学の改革に関する**陳情**	①都立四大学の研究と教育の蓄積が生かされるようにすること。 ②在籍する学生・院生の学習研究条件が損なわれないようにすること。 ③新大学の発足に当たっては、十分な準備体制を整えること。 ④衆参両院の地方独立行政法人法採決に当たり付された附帯決議を守ること。	不採択

件の陳情は全て不採択とされた。当時、文教委員会は自民党六名、公明党二名、民主党二名、共産党二名（うち文教委員会の委員長が一名）、生活者ネット一名、自治市民一名の一四名で構成されていたが、このうち自民党・公明党・民主党議員の反対による圧倒的多数での不採択であった。

不採択とされたこれらの陳情には賛同する人々の署名が付されている。陳情Ⅲには二万一七一二筆、陳情Ⅳには四九〇五筆である。これだけの数の署名が、今回の「改革」の問題性が社会的に広く知られるようになった九月末から一二月までのわずか三カ月間に集められたということは、今回の「改革」が、大学構成員と社会一般の人々からいかに深刻な事態と受け止められていたか如実に物語っている。にもかかわらず、文教委員会では「継続審査」という扱いにさえしなかったのである。これでは都議会は自らの役割を放棄したに等しい。

都議会は、ほぼ「オール与党」体制と言っていい状態にある。最多議席を持つ都議会自民党は、石原知事が初当選した頃は野党であったが、議案や予算については当初から賛成し、その後都知事への歩み寄りをいっそう深めた。二〇〇三年の都知事選挙、二〇〇五年の都議会議員選挙では公明党と共に「石原与党」を前面に出して議席を獲得した。また第二党である都議会民主党も、石原都政に対して是々非々の立場でと言いながら、党内の意見の幅は大きく、石原知事を支持する議員も多数存在しているため、ほとんどの議案と予算に賛成してきている。石原知事が再選時に獲得した「三〇〇万票」が、議会の諸党派にとって大きなプレッシャーになっているのである。

各党・各会派の政治的な立場や状況、考え方もあろう。しかし、議会の重要な役割が、都民から集めた税金の使途を審議し決定することである以上、「都立の大学」という、これまで都民が税金によって営々と築き上げてきた「都民の財産」の価値を大きく損なってしまうような「改革」に対しては、そうした政治的立場を超えた「良識」が示されるべきだったのではないだろうか。都議会史上に汚点を残したと言わざるをえない。

第3章　都立の大学「改革」の背景

第1節　石原都政と大学

●石原都知事就任と「大学改革」

本章では、以上見てきた都立の大学「改革」を、都政全体を見渡す視点から鳥瞰し、全体的な状況の中に位置づけたい。ここでは、二〇世紀末以降、東京都政が新自由主義的な傾向（「小さな政府」と「規制緩和・市場原理主義」を政策の柱にすえる）を強めているということ、そうした中で都政全体が産業政策に傾斜しつつあり、大学「改革」もその一環に位置づけられること、しかし石原都政の最大の特徴は、そうした新自由主義的な方向性ではなく、大衆を動員するその手法にあるということが述べられる。

さて、石原慎太郎東京都知事が都立の大学について言及し始めたのは、当選の翌年である二〇〇〇年のことだった。二月の都議会において、都立の大学を束ね、研究成果・人材を活用して、シリコンバレーとスタンフォード大のような連携の体制を作り、東京・日本の産業全体の活性化に資するという構想を示した（二月二九日）。さらに六月「新しい大学のモデルを東京から発信することにより、日本の大学から日本のすべての教育を変えていく引き金」として改革に着手したと述べ、独立採算制をも視野に入れた経営改革を行うとした。また「入学がしやすく卒業しにくい大学」をめざすという構想も示された（六月二八日）。

こうして大学「改革」は都の財政問題を基本としながらも、産業活性化の軸、石原都知事の教育論実現の場としての位置づけが与えられた。これらは体系的なものではなくむしろ場当たり的であったが、これらの要素がそのときどきで比重を変えながら大学統廃合の根拠とされたのである。ただしその基本には、ニュー・パブリック・マネジメント（ＮＰＭ。「新・自治体経営」）路線が存在するのであり、石原都政に独自のＮＰＭ路線について理解する必要がある。

●行政の新自由主義的再編

この間、都が進める行政のリストラ政策の根底には、たんに財政難という理由だけではなく、一九八〇年代半ば以後、イギリスなどを中心に形成されたＮＰＭの考え方が存在する。ＮＰＭの特徴は、行政サービスに競争原理を導入する、施策を企画・立案する部門と執行部門を分離する、業績・成果にもとづく管理の拡大などである（大住荘四郎『ニュー・パブリック・マネジメント』）。これ自体は行政効率化の点で必要な面もあるが、競争や経営の論理を自己目的化するならば、東京都のように行政の新自由主義的再編が進行することになる。
石原知事は、これからの時代に求められるのは「結果の平等」ではなく「機会の平等」だとして、この原理のもとで産業政策、教育・福祉政策を推進することをうたっていた。これは石原都政が誕生する二カ月ほど前に、小渕首相（当時）の諮問機関である経済戦略会議が発表した「日本経済再生への戦略」などに盛り込まれたおなじみの言説である。都政におけるＮＰＭ路線の開始は青島知事時代の末期であり、石原都政のオリジナルではない。だが石原都政は、時代の流れに乗ってＮＰＭ路線を徹底的かつ、石原都知事独自の色合いを出しながら推進したのである。

東京都のＮＰＭは、たとえば都立高校改革にみられる公的教育サービスの縮小・差別化、都立病院の再編、公的福祉サービスの大幅削減、公社住宅建設事業の事実上の放棄、「都庁改革アクションプラン」にもとづく行政改革、そして都立の大学の統廃合と独立行政法人化などに現れている（進藤兵「ニュー・パブリック・マネジメント論議の批判的検討」）。

石原都政の基本指針を示した『東京構想二〇〇〇』（二〇〇〇年一二月）においても、行政は民間では対応困難な分野に活動領域を限定することにより「小さな政府」をめざすとされた。また企業の経営革新や起業・創業を促す場を構築することを、一つの政策目標としている。

●福祉分野での新自由主義的「改革」

こうして、福祉・教育・病院・住宅そして大学と、広範な行政分野で市場原理の導入が行われていった。ここではとくに福祉の分野における転換をみておこう。

東京都が戦後の福祉政策を総括した文書には次のように述べられている。日本の福祉システムは、戦後復興と軌を一に発展し社会的弱者を主な対象として制度化が進められ、高度経済成長下の税財源を裏付けとして、次第にサービス提供の範囲を拡大していった。その結果、短期間で高水準のナショナル・ミニマム（最低限の行政サービス水準）を築き上げることが可能となった。だが、成熟社会の到来と生活スタイルの多様化を背景に、いわゆる「限られた人のための給付」との観念は薄まり、「生活を支える消費財としての普遍的なサービス」へと認識が広がり、より高度で多様な福祉ニーズが供給サイドに向けられるようになった。そこで既存のシステムとは発想を異にする、ライフスタイルに合わせて自らの判断と責任でサービスを享受することのできる、利用者指向の福祉システムという発想がでてきた、と（東京都『平成一二年東京都福祉改革推進プラン』）。

もちろん現在、経済的な貧困を対象とする政策だけではなく、以前とは違った政策体系が求められている。また財政面での困難性が深刻化していることも事実であろう。しかし東京都における福祉に対する取り組みの姿勢は、質的に転換しているのである。

二〇〇六年二月に発表された『福祉・健康都市　東京ビジョン』では、東京都は「サービスの直接の提供者」から「システム全体の調整者」へと役割を変えていくことがうたわれた。つまり、社会にはさまざまなサービス提供主体が存在するので、東京都＝行政はそうした提供主体の調整者に役割を変えるという。都立の施設も、「民間にできることは民間にまかせる」という原則のもと、あり方を見直すことが企図されている。

第2節　産業政策への従属

●産業政策に傾斜した東京都

都は病院・大学・試験研究機関・東京都交響楽団・文化施設といった部分のリストラを推進してきた。その一方では、積極的に産業力強化を戦略に掲げた政策を打ちだしている。そして経済産業省が国立大学法人化に対して産業競争力強化という戦略を担わせようとしているのと同じように、都も産業政策のために大学等の再編を行おうとした。

都立の大学の統廃合問題も、こうした文脈で理解する必要がある。石原知事の発言でも大学と産業の連携が言及されたが、しかしそれは体系的なものとは言い難かった。しかし二〇〇二年一一月に発表された『重点施策及び平成一五年度重点事業――構造改革を推進するための戦略指針』によって、大学は明確に産業政策に従属することが打ち出されたのである。

その一つの柱である「東京の特性を生かした産業力の強化」のなかに、重点事業として「緊急中小企業対策」などと並んで「東京の産業力強化のための戦略的支援策」が位置づけられた。そこには「中小企業ニューマーケット開拓支援事業」、「知的財産活用への支援」、「産学公連携推進拠点の整備」があげられ、産学公連携の具体化として「ものづくり現場における企業と大学の一体的な取組の推進のため」、区部に「産業技術の大学院の設置」を行うという構想が示された。以上の産業力強化政策は、産業労働局と東京都大学管理本部が推進主体となっており、これによって産業政策と大学統廃合問題の連関が決定的となった。そして八月一日のクーデターの直前には、産業労働局から幹部職員が大学管理本部に異動し、大学の産業政策への従属が進められたのである。

●『東京都産業科学技術振興指針』

さらに二〇〇四年二月には、『東京都産業科学技術振興指針』が発表された。これは東京における地域産業の活性化が重要な政策課題になったとして、中小企業やベンチャー企業などが新技術を開発することによって製品やサービスの付加価値化を進めるための環境整備を、都が行うとするものである。

この指針の基本目標としては、「産業技術力の強化と産業の活性化」、「研究開発の推進」、「産業技術を担う人材の育成」の三つであった。ここでは都立の大学の「改革」により、科学技術面において産業の活性化に貢献できるような産学公連携を構築し、研究水準を高めるため大学の研究体制、運営体制を整備するとされた。さらに機械・電気・電子産業が集中する城南地域（品川区・大田区など）にナノテクノロジーを中心とした研究拠点を整備して、大学・公設試験研究機関・民間企業などが共同して研究事業を行うことによって、新産業の振興を推進するとうたっている。このような流れのなか、産業政策に従属した形での大学統廃合が行われ、かつ産業技術大学院が二〇〇六年四月に発足する運びになったのである。

第3節　石原型ＮＰＭの手法

●石原型ＮＰＭとは？

以上、都立の大学統廃合は、基本的には新自由主義的な自治体改編と、産業政策の展開という文脈のなかに位置づけることができることを確認した。

しかし、以上述べた新自由主義的自治体改編や産業政策への大学の従属という政策は、石原都知事のオリジナルではない。石原型ＮＰＭはむしろその手法において大きな特徴を有している。どこにねらいを定めてどのような攻撃を加えるかという戦略と戦術の部分に、石原知事とおそらくは浜渦前副知事の「才覚」が発揮されている。ここでは、①マスコミ利用、②ネオリベラル型ポピュリズム的手法による大学攻撃、及びそれと関わって教養主義への攻撃について記しておきたい。

●マスコミを使った攻撃――包括外部監査をめぐって

二〇〇〇年秋、東京都は都立の大学に関する包括外部監査の結果を発表した。包括外部監査は、地方自治法改正で都道府県、政令指定都市などに実施が義務づけられたものである。従来は監査を行う担当者が当該自治体の関係者であり、監査にあたって遠慮が生じるという批判に応えたものであった。二〇〇〇年初夏に都立四大学に監査が行われ、九月二九日には包括外部監査報告書が発表された。この報告書の「結合収支計算書」では、授業料などの合計から人件費・備品費などの合計を引き算した数字が大幅な赤字だとして、「収支構造の抜本的な改善による効率的な大学運営」を行う必要があるとした。

この包括外部監査においては、マスコミが大いに利用された。報告書発表後に発行された『文藝春秋』(二〇〇〇年一一月号)は、「グループ03」なる覆面ライターの文章を掲げ、都立の大学が大幅な赤字をだし、それが「都民の背にのしかかっている」ことを強調した(「首都『大赤字』暴かれた実態」)。この記事は、報告書が公表されてからわずか一〇日ほどで執筆、校正、印刷を経て店頭に並んだものであった。事前に原稿が準備されていたかのようなスピードである。

また報告書が発表された九月二九日、『毎日新聞』朝刊の「ひと」欄には、川崎裕康都立大事務局長(当時。現在、都の監理団体である東京港埠頭公社理事長)が登場した。「都知事の特命で改革に取り組む都立大事務局長」、「危機意識とコスト意識、世間の常識の三つをカバンに詰めて大学に通う」との見出しがあり、「学生一〇人に教員一人という申し分ない教育環境にありながら、存在感を示せないままでいる。都立大の卒業生はおうようで都庁も採用しない、と冷やかされる。加えて都の財政難も深刻だ」と都立大批判を展開し、「総長とも対決する。大切なのは大学人の意識改革」との決意が表明された。

この日の『毎日新聞』夕刊社会面には、同じ記者による「都立四大学、大赤字　都外部監査『統合も視野に』」という記事がのり、「石原慎太郎都知事は都立四大学の統合構想を打ち上げるなど大学改革に意欲を示しており、今回の監査結果でその流れが加速しそうだ」とコメントした。この記事は包括外部監査報告書の発表にあわせたものだろう。大学人がいかにコスト意識、世間の常識がないかということを強調し、大学統廃合の必要性を世論に訴えるものなっているが、石原知事が繰り返し述べる、保身をはかる学者先生というような発言ともつうじるものがある。この新聞記事は、東京都が新聞社に素材を持ち込んで書かせたのではないかと思われる。八月一日以後になると、都の宣伝と大学攻撃にマスコミが総動員されたことになるのであった。

●包括外部監査の「提言」の問題点

またこの包括外部監査は、内容においてもいわく付きのものであった。

たとえば、包括外部監査では都立の大学の経営管理について、①大学事業の在り方の見直し、

②教職員、③大学の統合等という三つの「提言」が行われた。①においては、都立の大学は、「大学事業の在り方を採算性（赤字幅の減少）や有益性（学生の満足度）その他の観点を含めて、諸種の視点から見直す必要がある」ことが指摘された。②においては少人数による教育方針も一部見直しを行い、学生数の増員について検討すること、職員についても、職員一人当たりの学生数は私立大学に比べ少ないので、都立四大学の統合等が実現すれば業務の合理化が可能だとした。そして③では、都立四大学を統合して、統一された意思決定により、大学事業を行うことによって経済性もしくは効率性を図ることが指摘された（『平成一二年度包括外部監査報告書　その一』）。包括外部監査の「提言」は、大学統廃合に方向性を与えたものだったのである。

さて第一二回地方分権推進会議（二〇〇二年二月一三日）では、この「提言」のあり方が問題となった。この場所には東京都外部監査人である公認会計士、筆谷勇氏が呼ばれ質疑が行われた。そのなかで寺島実郎委員（三井物産戦略研究所所長）は、包括外部監査が、たとえば都立大学の統合問題にまで踏み込んだような、つまり単なる会計の監査を越えて政策的意思決定の部分にまで踏み込んで実質的な意思決定をリードしているのではないかと指摘した。寺島氏の質問に対して、包括外部監査人は次のように答えている。

「それは自治省で一番懸念された問題でありまして、要するに枠をはみ出すなと。お前らは合規性さえやっていればいいんだという話です。したがって、多分そういうことになるんだろうと思って、一応提言という形、独り言という形にして逃れているんですけれども、私の考えでは、基本的に法律というのは、当初予想したものではなく、一回走り出すと一人歩きしてしまうんではないかと思うんです。非常に問題だとは思うんです。」

このように包括外部監査人自身も、この制度が政策の方向づけに踏みこんでしまうことを懸念しているのである。そして「提言」の方向性が都立の大学改革にもたらした影響として、「都の場合もそういう改革案が去年の一一月に出まして、そういうふうに統合して、専門大学院と、そうではないリベラル・アーツの学部というような形になっているんです。……少しやり過ぎたかなという点は、じつは反省しています」と述べ、「提言」が大学統廃合の方向づけをしたことを認め、「反省」しているのであった。

さらに注目すべきは、東京都がこの監査にどのようにかかわったかという問題である。包括外部監査人は次のように述べている。

「ただその提言に対しては、もちろん当該自治体と十分協議した上でやっているということで、我々の意見を勝手に書いてあるわけではないんです。そういうのは書いてくれと逆に言うんです。本来であれば、自分たちが日ごろやりたかったこと、あるいは言いたかったことができないんだというところがありまして……」

包括外部監査人は、監査の「提言」部分が東京都当局との協議のもとに書かれたものであることを告白している。そしてこの発言は、東京都が外部監査の「提言」をもとに改革を進めるということをうたいながら、じつはこうした「提言」自体が、東京都と「協議」した上で作られたということを暴露したのである。

●ネオ・リベラル型ポピュリズム

以上、包括外部監査を事例に、マスコミを使いながら都が大学統廃合を進めてきたことを明らかにした。その際、外部監査人からなされた「提言」は、あらかじめ東京都の意見を入れた上でなされたものであった。こうしたマスコミを使った手法は、中田市長のもとでの横浜市立大の「改革」においても用いられた手段であった（「横浜市大の累積赤字一一〇〇億円、廃校も選択肢」『神奈川新聞』などの新聞記事を参照）。

さらに石原知事は、独自のレトリックを使いながら大学統廃合の世論作りを行ってきたのであるが、とくにポピュリズム（大衆迎合・大衆扇動）に依拠した手法が目立っている。

石原知事のポピュリズム的政治手法については再三指摘されてきた。彼の大衆扇動的発言はかなりの数にのぼるが、いずれもが周到な計算のうえでなされたものである。戦後的な民主主義感覚や人権感覚を逆撫でするような言辞は、人間のもつ非合理的情念に訴えてある種の共感を覚えさせることができる。その一方で、都の強引なやり方に反対する大学人を記者会見で「保身」「退嬰」などと決めつける発言は、「大学の自治」という「戦後民主主義」の象徴として位置するものに対する世論の批判を、巧みに動員するという面をもっている。

大嶽秀夫氏は、新中間層をターゲットとし新自由主義との多くのレトリックを共有するポピュリズムとしてネオ・リベラル型ポピュリズムをあげた。それは大衆的支持を背景に、既得権化した「鉄の三角形」（官僚、政治家、業界）に攻撃を加え、その権益を解体する意図をもつ。また医師・教師・労働組合指導者などのプロフェッショナル集団、とくに左派的姿勢をとる集団への不信を表明する思想でもある。これらの集団は、大衆利益実現を旗印に自己利益を追求する偽善者として描かれる（大嶽秀夫『日本型ポピュリズム』）。

石原知事の大学人批判も、既得権化したプロフェッショナル集団に対する攻撃という文脈のなかで理解できる。都立大は、石原氏が挑戦して敗北した美濃部都政の運営においても関係者が少なからぬ役割を果たしていた。こうした都立大を保身をはかる学者の集団として描くことは、彼の政治目的にとって好都合であろう。また「日の丸」「君が代」をめぐる高校教員への執拗な攻撃も、石原都政の復古主義的傾向だけでなく、ネオ・リベラル型ポピュリズムの性格から導きだされてくるものである。

●教養主義への攻撃

それと関わって触れておきたいのは、教養主義的なものをあえてターゲットにする手法である。石原知事の都立大人文学部攻撃においては、とくにフランス文学専攻とドイツ文学専攻が標的になった。これらに象徴される教養主義的な知の体系は、戦前の旧制高校から戦後の新制大学に引き継がれ、戦後型の知を形成してきた。だがフランス文学、ドイツ文学に象徴される知の体系は、実学重視の風潮もあいまって批判の対象となっている。

都立の大学統廃合は、まさにこうした戦後的な知の体系に対する攻撃というかたちをとったのであり、それが先にみたネオ・リベラル型ポピュリズムともあいまって、石原型NPMに一つの特徴を付与しているといってよい。つまり石原知事は、実学重視のなかで疑問視されつつある教養主義に攻撃を集中させることで、大学という空間そのものに大きな打撃を与えられることを見抜いていた。そのため、象徴的な意味でフランス語、フランス文学に対する揶揄と攻撃を行ったのである。

こうした石原知事の手法が、一定の効果をあげていることの理由は次のような事情もある。現在、戦前の旧制高校から戦後にも続いている教養主義的な知の体系を相対化し、その社会的基盤を明らかにする研究が行われている。たとえば、戦後、近代日本と現状の理解に対して鋭い分析を加え、戦後民主主義の牽引役を果たした丸山真男氏について、彼を「大衆」に依拠して知の体系を築いてきた人物として描き、その影響力が「戦後民主主義」と同様に解体していくことを強調するような議論である（竹内洋『教養主義の没落』、同『丸山真男の時代』がその代表である）。

この議論は、事実の指摘としては一定の説得力はあるのだが、問題はこうした教養主義批判の議論を行う知識人たちの戦略・戦術である。彼らは、教養主義批判ないし戦後的な知に対する攻撃によって現在の大学のあり方を批判しているが、その際には、丸山が「大衆」に依拠したとされるあり方と同様の方法を採用しているのである。つまり彼らは、教養主義とされるものをポピュリズムに依拠して批判し、それによって自己の「学」的位置を高めようとしているのである。

昨今のこうした「知」のあり方は、消費をつうじて広く社会に浸透すると同時に、石原知事のように、教養主義への攻撃を政治的資源にしようとする手法を、より効果的にする役割を果たしているといってよい。そして、以上のような知識人の言説の再生産のなかで繰り返される石原知事の手法の共同戦線を基本とし、知事の背後に隠れつつ、狭義の都政に役立つものしか大学という場に求めない一部の都庁局長・参事クラスの幹部職員が、反教養主義の言説を作り出し、大学統廃合の主体となってきたという事情を指摘することができる。

●全国的大学改革のなかの都立の大学問題

一九九九年九月、当時の有馬文相のもとで国立大学法人化の論議が進められた。のち二〇〇一年六月に遠山敦子文部科学大臣が「大学の構造改革の方針」（遠山プラン）を発表し、国立大学の再編・統合、民間的発想の経営手法の導入、第三者評価による競争原理導入という、「構造改革」路線に国立大学を奉仕させる路線が明確化されたのである（小沢弘明「『構造改革』と大学」）。都立の大学の統廃合もこうした「大学の構造改革」のなかに位置づけることができる。

こうした流れにありつつも、都立の大学の改革手法は悪例を他大学に及ぼしているといえよう。石原知事がいう「東京から日本を変える」というスローガンに沿って、都立の大学で行われた強引な統廃合の手法が、全国の公立大学でも踏襲されている。あるいは、国立大学や私立大学にも影響を及ぼしているかもしれない。

都立の大学、横浜市立大学の法人化が行われたあと、公立大学の法人化が次々と進んでいる。そこではトップダウンによる「改革」、教員に対する任期制導入といった、「改革」の「成果」を外に示すことを自己目的化したやり方が行われている。しかし都立の大学にしても、横浜市立大にしても、「改革」のセンセーショナルさが、首長の政治的なポイント稼ぎにはつながったとしても、教員の他大学への流出、学生・院生の学習・研究環境の悪化をまねき、大学間競争の時代において大学の「商品価値」を大幅に下げることになったことに留意する必要がある。

第4章　「二一世紀の公立大学」はどうあるべきか？

以上、首都大の現状と問題点、そうした首都大が作られた過程、さらには今回の大学「改革」が都政の中にどのように位置づけられるのか見てきた。ここからは、たんなる「公立大学の問題」として捉えるだけでは済まないような、現在の日本社会が直面している構造的な危機の一端が浮かび上がってきているように思われる。本書の最後に、わたしたちは「都立の大学を考える都民の会」としての立場から、どのようにこの危機に立ち向かえばよいのか考えたい。それは、具体的に言えば、「二一世紀の公立大学」とはどうあるべきなのか、という問題を考えることである。

このことを検討するために、本章ではまず、二〇〇三年八月の激震に襲われるまでの都立の大学がどのような歴史を持つ大学であり、どのような問題を抱えていたのかを検討する。その上で、二〇〇六年二月に「都民の会　世話人会」の主催で現職の首都大の教員も交えて行なわれた座談会を紹介し、本会の模索の過程を提示したい。率直に言って、ここでの討論は結論を出すに至っていないが、そうした「途中の議論」をあえて公開するのは、読者にも共に考えていただきたいと思うからである。

第1節　東京都立の大学とは何だったのか

東京都立大学は、一九四九年の新制大学発足とともに自治体立の大学として発足した。科学技術大学は一九八六年に都立工科短大を母体に、保健科学大学は一九九八年に都立医療技術短大を母体に開学し、短期大学は一九九六年に都立立川短大と同商科短大を合併して生まれた。このような都立の大学の構成は、都政の好みによって恣意的に作られたわけではない。

都立大学の母体になったのは、旧制の府立高校と旧制の航空・化学・機械関係の高度な技術者養成ための専門学校、女子専門学校であった。専門学校には戦時体制のために作られた側面もあるが、都の文化や産業を土台としていたし、女子専門学校は女性の進学要求を、府立高校は都民の大学進学要求に応えるという面を持っていた。地域性を色濃く反映したものだったのである。その点は都立の四大学にも共通している。たとえば保健科学大学が新しくできたのも、都民の医療・福祉に応えるという地域性を持っている。

これらの大学は自治体立の大学＝公立大学として、学校教育法第五二条にいう「大学の目的」の普遍性と同時に、都民に貢献するという二重の性格を持っていた。この二つの側面を統一して提起したのは、第五代総長沼田稲次郎氏であった。沼田氏は、都立大教員・学生に「大学の使命とともに地方自治の精神について自覚し、その真価を自主的に発揮すること要請する」と表明した（内田穣吉・佐野豊共編『公立大学――その現状と課題』）。これは、重要な提案であり、現在でも新鮮である。

さらに、大学の普遍性には学問の自由を保障するための大学の自治がある。大学の自治は与えられるものではなく、獲得されるべきものであることは歴史が証明している。公立大学の場合、自治体行政によって大学の自治が侵害されるという事件があった。都立大学も例外ではなかった。

以下、公立大学の独自性と大学の自治の点から述べてみよう。

●勤労都民のための昼夜開講制

都立大学が発足したとき、都民のための大学であることが謳われた。そのなかで特筆される事業は、都の勤労青年・勤労都民を対象とした昼夜開講制であった。現在、大学設置基準が改正されて昼夜開講制が導入されているが、都立大学はその先鞭をつけた。都立大学の昼夜開講制は、授業の昼夜開講・昼夜同等教育を勤労者に保障するために始まったものなのである。

しかしその後、法的に認められないという文部省の行政指導により、一九五五年から法的には昼夜二部制となった。大学では、昼夜同等・昼夜開講の理念を維持する努力が続けられてきた。一般的に、夜間部は昼間部に比べ条件が悪く、かつ就職の際に昼間の学生より不利であった。

都立大の昼夜開講制は、そうしたことがないように努力したことによって注目されたし、また、実際に少人数教育によって夜間の学生にも昼間の学生に劣らない実力がつけられてきた。

しかし、以上の試みが、都立大学教員全体による強固なまとまりを基礎にしていたのかというとそうでもない。

昼夜開講制についてみると、一九五〇年代から工学系を中心に実験実習の困難さなどを理由に廃止論がでていた。しかしその困難を、教員が夜遅くまで学生指導をするなどで克服してきたのは注目に値する。昼夜同等のため朝から夜まで実験指導をすることもよくあったのである。

都立大だけでなく一般的に一九七〇年代から一九八〇年代にかけて定職を持った勤労青年の進学は少なくなり、他方で昼夜の入学試験成績の差が顕著になった。こうした背景の中、夜間に対する熱意が薄れた教員が出たことも事実である。とはいえ、定職に就かずともアルバイトなどで自活する学生や社会人にとって、魅力的な学習の場であったことは否定できない。

●開かれた大学の模索

生涯教育が叫ばれるなかで、社会人入学が始まった。したがって、その対象は勤労者に限定されず、主婦や退職者なども想定され、実態としてもそうなっている。つまり、勤労学生の教育機会としての大学という理念、青年の教育機関としての大学という理念は、社会人教育という新たな理念にとって変えられようとしてきたのである。都立大の昼夜開講制は、新たな転換を迫られていたといえよう。

しかし、この新たな転換が昼夜開講制の廃止に直結するわけではなかった。一九七〇年代に、立命館大学の夜間部が入学条件として勤労者に限っていたことに対し、そのような条件を付けない都立大とどちらがよいか、当該学生の間で論争があった。その後、都立大の昼夜開講制は、社会人であることという入学条件を付けるようになっていった。そのような転換を発展させるか、あるいは他大学で広がっている大学院授業の昼夜間開講を始めるか。こうした問題を考える新たな段階に、おおよそ一九九〇年代以降立ち至っていたのである。

他方で、知の普及をめざす公開講座が独自にあるいは地方自治体と協力して行われてきたのは、都立大学だけではなく短大においてもそうであった。その試みは、都立大学が南大沢に移転した後で「都民カレッジ」として結実する。この「都民カレッジ」の設立において、学歴や資格から離れ、知そのものを探求する機会をつくることをめざしたことは、それが現実の条件に合っていたかどうかは別として、ひとつの見識であったと言えよう。

これらの努力を継承する提案は、二〇〇〇年以降の大学改革のなかでも教員によって引き続き行われた。高校中退者や定時制高校卒業者に大学の門戸を独自に開く提案や、「都民カレッジ」を利用した外国人に対する日本語教育、あるいは大学院入学の機会の保障などである。

●研究におけるアイデンティティ

研究の面では、「東京都の学術の中心」としての役割に応えようとする努力もなされてきた。たとえば、法学部の千葉正士氏を中心とした三多摩研究や経済学部の柴田徳衛氏による自治体研究が挙げられる。また、そうした流れをまとめ発展させようとする団体として都市研究会が発足し、都市研究所へと成長した。

理学や工学系では、都民の生活環境問題に課題を設定した土木・工学・公害・温暖化・震災問題などの研究がねばり強く進められた。また科学技術大学では中小企業と結びついた活動などが行われていた。

都立大学に限ってみると、こうした活動は必ずしも全体の賛意を得たというわけではなかった。すでに一九六〇年代に、小東大をめざすという意見が運営の中枢にある人から出されていた。また東京都にふさわしい総合大学として、世界的水準の高度な研究・教育レベルを達成することを最優先課題にする意見も一九九〇年代に出されていた。後者の意見は、大学人であれば否定することはできないだろうし、全国的に注目を浴びる研究者がいた都立大学だからこそできる提案であった。

しかしそうした志向性は、都立の大学としてのアイデンティティをどこに求めるかという問題とぶつかることになる。一九七〇年代初頭に一部の大学院生から出された、都立大は東大の植民地ではないかという批判は、それを示していた。それはすなわち、東大ではできない、あるいはされていない研究はなにかということを発見することでもあった。都立大でしかできない研究は何か？　それは、人文関係では被差別部落研究や朝鮮史研究、社会人類学などで行われた先駆的な研究に示されていた。

しかしこのことは、先に述べた沼田元総長の地方自治の精神と結びついた大学の性格についての問題提起と、自然に結びつくわけではなかった。結びつけるには、経験と論理、思想が必要であった。

●大学の自治をめぐって

大学の自治は、学問の自由・教育の自由を保障する大学の体制である。これを生み出すためには、大学構成員の努力が必要であったことは、滝川事件など歴史が示している。学校教育法は、大学の自治を教授会の自治として認めている。しかし、その法のもとでも大学の自治をめぐる問題が起こってきた。

公立大学の場合、政府との関係、たとえば一九四九年のレッドパージ事件や一九六三年の教授会を諮問機関とする大学管理法案問題があったが、国立大学と異なるのは、地方政府あるいは自治体の議会との関係が問題になるという点であった。

たとえば、一九六三年に起こった都留文科大学問題がある。これは、新校舎建設費用について疑義を質した学生に対し、処分の必要なしとした大学の対応に不満を持った議会が一〇〇条委員会を組織したため、大学が学生部長などの教員を解雇し、学生を処分した事件である。これは被処分者が裁判に訴え、これらの処分が撤回された。

都立大学では、一九五三年から一九六七年にかけておこったいわゆる阿部教授復職問題があった。これは、歴史学の阿部行蔵教授が中国在留日本人引き揚げ者支援をしていた際に起こった「舞鶴事件」で起訴され、東京地裁で無罪、第二審で有罪、最高裁への上告が棄却されたため、失職したことをきっかけに起こった問題である。

執行猶予期間後、人文学部教授会は、阿部氏を再採用することの可否を業績や法律論から検討し、一九六六年三月に再採用を決定した。大学は、この決定を受けて教授採用発令を都に申請した。しかし都が発令を引き延ばしたため、大学の自治を守る運動が起こされ、教員・職員・学生による一千名の全学集会、学生のストライキ、一九六七年三月の総長招集の全学集会などがもたれた。その結果、同年四月一日に発令が行われた。

このなかで、学生は大学の自治は教授会だけでは維持できないことを理由に、全構成員による自治を主張し、総長選挙や学部長選挙への参加を要求していた。これに対し、学生は卒業することを目的とした通過集団にすぎないから、責任を負うには十分ではないという意見も教員にはあったが、阿部教授復職問題のなかで学生の大学の構成員としての存在が認められ、学生(院生を含む)は一九六八年から総長予定者の除斥投票、人文学部学生は一九六九年から人文学部長予定者の信任投票をする権利を得た。なお、人文学部では、学部長選出のための推薦委員会が設けられ、職員・助手・学生の代表も参加できるようになった。

この制度は、大学の全構成員の自治、とくに学生・院生と教員による自治を具体化したものであった。学生・院生は教育を受けるだけでなく、教員とともに新たな研究をつくりだすための主体、そのための勉学条件を作り出す主体として認められたことを意味する。しかしこれができて以降、この理念は全学的に受け継がれていったとはいえず、とくに移転後は、学生の間でも教員の間でも議論されることは少なくなった。

今回の大学「改革」の最中にも、学生処分をめぐって不透明な問題が起こっている。二〇〇〇年一二月、学生のグループである「東京都政研究会」の冊子に、ある都議会議員に対する風聞が載せられたところ、当議員は名誉毀損であるとして、大学側に個人名での謝罪文を要求したのである。

これに対して学生部長は、当該グループの学生を一人一人呼び出し、「謝罪」反省することを強く求めた。当該学生グループの責任者（人文学部学生）は、不穏当な表現があったが、公職に就いている人物にたいする言論活動は認められており、名誉毀損に当たらないと考えていた。しかし反省をすればことは収まるといわれ、荻上総長、評議会審査委員会などの前で一定の反省をした。

ところが、大学として厳重注意をしたという告示があり、人文学部長からの注意があった後、総長名で一週間の自宅謹慎の処分が実名をあげて告示された。これに当該学生などは、処分は一方的で超法規的ではないか、「外圧」に屈するものではないかと、処分の撤回を要求した。その後、当該学生の所属する人文学部の教授会は、調査委員会を設けてこの処分について調査した。その結果、教授会に処分の審査の過程で一部誤った対応があったことを認めると同時に、総長に対し、学生処分に関わる諸規定にない評議会審査委員会の設置や審査報告書の不在、教育上の配慮を無視した氏名の公示など規程に反して処分が行われたことを認めるよう要請した。しかし、これに対する回答はなかった。

このような一連の過程は、三〇年前には考えられなかったことである。二〇〇〇年当時、大学改革をめぐって、都との対応で評議会などに重苦しい雰囲気があったとはいえ、学生の処分が不透明なまま決着されてしまったことは、教育に責任を負う教員の自覚にかけるものがあったのではなかろうか。当時の荻上総長は、一都議会議員の意向を受け入れる形で決着させた。それが、大学改革に有利に働くと考えていたとしたら、そうならなかったことをどう考えるのであろうか。都立大学は、最後の段階で大学の自治に悔いを残したのである。

第2節　二一世紀の大学像をどのように見通すか〔座談会〕

以下は、私たち「都民の会」が、現職の首都大教員も招いて行なった座談会の記録である。本章冒頭で述べたように、ここでの議論は一つの結論に到達するものではなかったが、そうした模索の過程を公開すること自体に意味があると考え、ここに収録した。なお、当日の出席者は以下の通りである(肩書きはいずれも二〇〇六年二月現在のもの)。

氏家　祥夫(元都庁職員、都立大学卒業生)(司会)
木戸口正宏(教育学・非常勤講師、都立大学大学院教育学専攻修了)
三島　英成(歴史学・非常勤講師、都立大学大学院歴史学専攻修了)
大串　隆吉(首都大人文系教員、都立大学卒業生)
渡辺　恒雄(首都大工学系教員)
吉田　道郎(元都立高校教員、都立大学卒業生)
平塚　眞樹(都内私立大学教員)
荒井　文昭(首都大人文系教員、都立大学卒業生)

氏家(元都庁職員)　今日のテーマは、「二十一世紀の大学像をどのように見通すか」です。ここまで我々は石原流「大学改革(大学破壊)」の進め方やその構想を批判してきたわけですが、それでは我々自身はこれから先の大学、とりわけ都立の大学像をどう展望するのか、その点をめぐって論議していきたいと思います。
木戸口(教育学)　都立の大学、すなわち自治体立、公立の大学であるということを大学の研究や教育のあり方においてどう意識し、位置づけていくのかということをめぐって、私たちの会では、大きく言えば、二つぐらいの議論の方向性があったのではないでしょうか。

ひとつには、たとえ都立の大学であったとしてもその研究・教育にあたっては、必ずしも設置主体に制約されず、学問研究の多様性・普遍性を大事にすべきではないか。効率優先、「実学」優先ということが強調される世の中であるからこそ、むしろすぐに結果が出ないような研究・教育をきちんと保障していく。その意味で、公立の大学が果たすべき役割は、基礎研究や学問の持つそのものの自由、普遍性、多様性をきちんと位置づけていくところにあるのではないかという議論の方向性がまずありました。

そしてその一方で、大学のあり方や意思決定のプロセスを含めて、むしろ積極的に都民、すなわち学外との何らかのかたちで繋がり、もちろん都民の要求も一枚岩ではありませんが、自らの大学を設置した主体である、都民の要求・要望と関わり合いながら、たえず大学の自治や学問の自由のあり方も問い直されていかなければならないのではないか、という議論の方向性もあったと思います。

都立の大学において今後尊重されるべき価値観や立脚点とはどういうものなのか、そしてその点で今の首都大学東京の弱点とは何なのか、ひるがえってここまでの都立の大学が持っていた特長や到達とは何だったのか、逆に弱点はなんだったのだろうか、そういったことを話していただければと思っています。

●なにをもって対抗するか？

三島（歴史学）　これからの大学、とくにいま具体的には公立大学についてですが、これからの公立大学について考える際には、都立大学が東京都の石原知事からうけた攻撃の全体像を捉えたうえで、それに対置するかたちで私たちの大学像を描く必要があるように思います。

石原都政の方向性を簡単に整理するとおよそ以下の二点でしょう。ひとつは、都の持っている資源、これは都立大学という知的資源を含めてですが、これを都の産業の発展もしくはそれが見込めるような分野に重点的に配分していくという特徴です。そのためには、たとえば都立図書館、都立病院などの公共サービスを切り捨てていく、それによって本来底上げされるべき社会的弱者を切り捨てていく。都立の大学についても、これまで営々と払われてきた労力をまったく無視したかたちで、いまある資源として必要な部分だけを取って、当面要らないと思われる、たとえば人文系といった分野に関しては切り捨てていく。つまり大学についても都政のためのシンクタンクにしていこうという傾向があるといえると思います。私は、こういったやり方を、将来的に再生産の余地を残さないという意味で〝略奪農法〟だと考えているんですが、今回の都立の大学の「改革」も、そのなかに位置づけられると思います。

ただし、ここからが第二の特徴ですが、これは基本的には、勝ち組－負け組に分けていって、勝ち組によって国際競争力を確保しようという考え方だと思いますので、そうするとやはり、社会的な分裂は避けられない。すると、それをカバーするためにたとえば中国、韓国、北朝鮮などの外国に矛先を向けていく。国内的にも在日の人や、外国からやってきている労働者たちに矛先を向けるようにし向けていく、そのためにナショナリズムを煽って、感情的に国民を統合していこうとする。それは「日の丸・君が代」にも象徴されていると思います。

これらは別個の事柄ではなく、おそらく車の両輪として機能していると私は思います。階層化を一方では促進し、もう一方で分裂を回避するためのナショナリズムを喚起する、と。これはいったいどういうヴィジョンにもとづいているかというと、少数のエリートが意思決定を行い、その他の下層は必要最低限の読み書きそろばん能力さえあれば、あとは上が決定することに従順に応じてればいいのだという社会ですね。つまり、少数のエリートによるトップダウンを作ったほうが効率的であるという考えだろうと思います。これはすなわち「軍隊」だろうと思いますが、二等兵と高級士官、両極分解させることによって統治しようという、軍隊型に社会を再編成していきたいということかと考えられます。

このように都のやり方を描いたときに、対抗軸をどう構築できるのかというと、私は「多様性」が鍵だろうと思います。軍隊型の社会とは近代日本がやってきたことで、それはそれなりに成果をあげてきたわけですけども、しかしこれからの日本の課題は、やはり高付加価値化だろうと思います。つまり、どういう新しい技術、新しい発想を、世界に向かってアピールしていけるのかということにかかっています。こういった時に、意思決定できる人たちの数が少ないのは、致命的な欠陥になります。これからの時代には、多様な生き方や多様な価値観をうちに持っている人間が、決して少数ではなくむしろ多く必要になるはずなのですが、そういう人は、広大な土壌の中からしか育たない。大学はそういう多様性を生み出していく場として位置づけられていくべきではないかと思うわけです。

しかも、こういう土壌は、直面する短期的な社会の需要にどうしても左右されがちな私立の大学で育てることは、なかなかむずかしい。やはり公立や国立、しかも大都市としての東京が持つべきだと思います。それこそが、大都市の東京であるからこそ担える大学なのではないかなと思うわけです。都知事は、「東京独自の……」とよくいいますけれども、そうであるならば、むしろ直接的な経済原理に結びつかない学問を発展させることによって、これからの時代に必要な多様性を育む、そういう広範な土壌を大学につくるべきではないかと思うわけです。

その際、専門家による閉鎖性に対して攻撃の矛先が向けられていますし、じっさいに都立の大学は都民の税金で運用されているわけですから、都民に対して知的な利益を還元していく努力を払っていく必要があるだろうと思います。そうすることによって、社会の底上げに繋げていくことが大切でしょう。知的好奇心が社会的に共有されていくことで、社会全体が底上げされていく。それは社会の多様性の促進に役立つのではないかと思うわけです。首都大学東京が作られてきた過程を批判する論理は、こういうところにありうるのではないかと思います。

●都民と共同研究する大学であったか？

大串（都立大学人文系教員）　ここまでの都立の大学が都民に貢献する大学としてどうだったのか。都民に貢献することは、言うまでもなく大学にかぎったことではなく、都政全体がしなければいけないわけです。ひとつは大学の場合には、研究と教育活動の拠点として、学部、学科、専攻、コースなどを編成するわけですが、自治体で作られている大学となると、当該の自治体が持っているある問題とのかかわりのなかでそれらが設定されることはありうるわけです。その際に、さきほど三島さんが「都のシンクタンク」と指摘されたように、都政がいまおこなおうとしている政策とその領域が、研究の対象として設定されてくるというのがいまの状況です。しかし、本来大学としては独自に対象を設定して、そこの場に大学あるいは大学院として継続的に共同の研究をおこなっていくような機会を作っていく必要があったはずなんです。それが都立の大学の場合には、たとえば都市研究所でしたが、果たして全学的な取り組みになっていたかどうか。

もちろん個人個人では、そうした仕事を続けてきていた人もいます。ところが、個人としてはほかの大学の人もしている。たとえば私はこのまえ都立高校に見学に行ったのですが、そこで都立の大学だからといって特別に優遇された調査をやらせてくれるかというとそうはならないのですね。私の頭の中にはセツルメントというのがあるんですけど、イギリスの大学とか、日本の場合には戦前の帝国大学、戦後も各地の大学でやってきたわけですけども、地域の人た

ち と共同で何か組み立てていくような研究スタイルを作り上げていくことが、都民に貢献する具体化になるだろうと。私はセツルメントのメンバーでしたけれど、学生サークルには地域活動をしているものがあったですね。

●都民の理解を得るためには

渡辺（都立大学工学系教員）　中にいる者として、これから何を目標として、大学再生改革をやっていけばいいのか。東京都からの運営交付金、つまり財政面で、都民が払う税金と法人・企業が払う税金のどちらに都立の大学が依存しているのか、よくわからないんですけれども、仮に法人も結構払っているとすると、彼らも企業への貢献を求められる立場にはあるんじゃないかと思うんですよ。つまり、工業的な知的還元が期待される面も一方ではあるわけです。しかし、人材育成という大学の機能からは、工業面での都民還元という、ひとつの断面からだけで次の大学のヴィジョンはなかなか作れない。文化の面と文明の面と、都民の文化的な幸せと文明的な価値、それらを両面的に作りだす。これからの大学が都民に理解を得るには、両方の面での貢献をめざしていかないとなかなか説得力がでないと私は思います。

今回の都立大学破壊の時に、最初に大学の自治・学問の自由を意見表明されたのは、主に文化の分野の人達ですね、文明に関わっている工学系の人間は、どうもそういう表現がし難い傾向があります。たとえば僕の場合には、平成三年（一九九一年）にほかから本学に赴任したとき、自分が着任した大学は都立大学で国立大学じゃないということをひじょうに意識しまして、都立の大学ですから、世の中でいちばん汚れきった水をクリーンにして再利用するというのは都への貢献になるんじゃないか、そういう発想を持ちました。もうひとつは大気循環の面で、都心のなかを長距離の高速道路がいま走りまわっていて、その高速道路の閉鎖空間の空気浄化でいささか都に貢献しております。ただ、それが社会にとっていいことなのかどうかは、ひじょうに問題になってくると思います。

話は変わりますが、これからの大学では、学問分野を越えて教員が学生教育に対して、工夫してゆくべき共通姿勢があると僕は思っています。たとえば東大などの話を聞いていると、けっこう唸らされるような工夫をしていますね。学生が人と群れるのが下手くそだということで、一年生のとき、全学部計三千人を十四、五人くらいのグループに分けて、自主的に計画をさせて、一泊二日で出かけて、とにかくなにか共通の議論をしてこいといった課題を出す。何処に行こうかどうしようか、とにかく自主的に計画実行させる。それはいまの首都大学の学生教育システムでは体得できないですね。いま首都大学で考慮すべきは、二〇歳前後の社会的に自立しようとする若者に対する支援とは、じつはアレコレ世話をし過ぎるカウンセリングやフォローではなく、自立を見守る観点だと思いますよ。また、カウンセラーにお任せではなく、授業の範囲を超えた質問が来たときに、やはり教員が学生とともに成長するという姿勢が、教員に必要になるわけですよ。質問に応える真摯な学問的姿勢がいるんですよね。

●都立の大学は都民に開かれていたか？

吉田（元都立高校教員）　学校教員になった卒業生として発言しますが、いま学校教育が非常に困難な状況です。ひと頃のようにジャーナリズムの関心は向いていませんが、問題や悩みは大きく、多くの親は頭を痛めています。ところが大学は、そういうことについて応えようとか、困難から起き上がろうとする教師たちに対して示唆を与えたりすることがないうらみはありましたね。都立の大学なら、都内のそうした教育問題について、悩める親や教師の話を聞いたり問題を一緒に考えるような、そういう場を定期的でも不定期でも作る必要があったんじゃないか。個々の先生はやってらっしゃるのかもしれませんが、研究室の単位でそういう場が作られてもいいんじゃないかと思います。また、大学の先生が余力がないならば、卒業生でそういう問題に取り組んでいる人たちが研究室に協力してやるとか。そのように開かれたサービスがあれば、署名などで都民に支持を求めた際に、もっと大きな支援があったかも知れないと思います。

今回の大学の問題について都民の支持がもっと得られなかったかということで、高校教師をやってきた私の立場から見ると、都立の大学は、都内とは限りませんが、教員の質的向上のためにするべきことがあったと思います。もちろん、役所が立ちはだかってますから、それに対する教員の努力もやはり必要ですが、そうして勉強の機会を与える大学であってもいいと思うんです。もちろんこれは、大学として教育委員会や教員に便宜を与えろと言う立場ではないのですが。たとえば教育職員免許法というのがありまして、その中で「その有する免許状が二種免許状であるものは、相当の一種免許状を受けるように努めなければならない」とされています。しかし、教員にはなかなかそういう機会が与えられていないのです。そのような面でも、B類(夜間部)というのはかけがえない大きな意味があったわけです。B類に限らず、昼間通学できてもしかるべきだとは思いますが。

都立の大学が都内の教員、教育に対してどういう存在だったかが問われていると思います。先ほどの勉強の機会をというときにも、現職教員を無試験で入れろといっているわけではなく、通常の選抜をすればいいんです。ただ大学として門戸を開くということです。その点では、たとえば現場の学校教員層側では、今回の大学「改革」に直面して、ここまで都立の大学は、学問の府としてのその本来的役割のほかに、都民へのサービスという面では果たしてどうだったかという気持ちを強く持っていたと思うんですね。大学を都民が支持するという時、これは非常に大きな教訓だったと思います。

氏家　ここで少し論点の整理を平塚さんにしていただきたいと思います。

●公立大学と地域住民の関係をめぐる三つの論点

平塚（都内私立大学教員）　自治体立・公立大学と地域で働き、生きる者たちとの関係を考えていくとき、おそらく三つくらいの観点・側面があるのではないかと思います。そのうち二つは皆さんの発言で出されていた論点で、あともうひとつ付加すべき点があるかと思います。それは簡単に言えば、一つには、大学における研究課題をどのように設定するか？　二つめには、大学における研究成果をどのように還元していくか？　三つ目には、大学の管理運営をどのように組み立てていくか？　といった三つかと思います。

研究課題の設定については大串さん、渡辺さん、吉田さんのお話と関連しますが、よくいわれる「都民のニーズ」なるものについて、それは決して単純でも一元的でもなく、さまざまな形で混戦したりせめぎあったりもしていて、政治的な力関係のなかにあるものだと私は思います。あるものを必要と感じる人たちもいれば、それではないものを要求する人たちもいるわけで、そこに都民の生活関係をめぐる複雑な力関係のようなものが影を落としているはずです。そうしたなか、研究の場である大学で考えるべきは、その錯綜する都民のニーズなるもののなかで、何がいま研究課題として欠かせない、取り上げなければいけないものなのかということを、商業的な意味でも行政的な意味でもなく、学問的な見地から見極めていくことなんじゃないかと思っています。都立の大学のこれまでの経過も含めて、そのような仕事を自分たちが常日頃してこれているのか、その点を考える必要があるのではないかと思います。

二つ目は三島さん、渡辺さんのお話に関連しますが、研究成果の還元についてです。私は、大学における研究の成果は、かならずしもそのまま直線的に社会に還元されていくと考えるべきではないと思っています。具体的な生活者の視点や生活の論理といったものと学問の世界の言語や論理の間にはやはり距離や乖離もあるものだと思います。だからこそ、その間を繋いでいく活動や仕事というのがあるはずで、たとえばジャーナリストの活動も一面ではそうした、繋いでいく仕事かもしれない。ただ、自分も大学人の一人として反省的に考えるのは、大学人はともすると、大学の研究成果と生活者の関心や必要とを繋いでいくのは自分たちの役割ではないと開き直りがちなところがあって、そこが今、都立の大学にかぎらず大学全体が、社会から冷たい風にさらされていることの背景にあるんじゃないか。自分たちが研究の成果をつくっていったときに、それを公立の大学であればとりわけ住民だと思いますが、住民なり国民なり人間に対してつないでいくことについても、つないでいく責任の一端は担っていくことを考えていかないと、大学は社会から孤立するばかりじゃないかということも懸念されます。

最後の三点目は、これからの大学の管理運営のあり方をどう考えるか？についてですが、とりわけ公立大学の場合には、以前から全構成員自治ということで取り上げられてきた学生・院生にとどまらず、住民すなわち都民についても、彼らが公立大学の管理運営にどのような権利と責任を持つのかということです。この点について、これまでの都立の大学でどれだけ意識してきたかということを、いますこし考えてみてはどうかと思っています。小中学校の場合にも、地域運営学校という形で、学校運営に保護者・地域住民が参加する仕組みがつくられ始めています。大学は果たしてどうなのだろうか。住民からの信託を受けて、大学人による自治という形で管理運営を進めることが適切なのか、あるいは、これからの大学では、住民もまた何らかの形で直接的にも管理運営に参加することが必要になってくるのか、そういった論点があろうかと思います。

●沼田稲次郎の「公立大学論」

氏家　ここに公立大学の五十周年記念で出した冊子があります。内田穰吉・佐野豊共編の『公立大学――その現状と課題』という本です。ここには沼田稲次郎元都立大学総長の「公立大学論」が収録されています。沼田氏は、公立大学の性格について、「公立大学は教育行政における地方分権の原理および地方自治の精神との関係において、国立大学とは決定的に異なる」としたうえで、公立大学は「地域住民の要望が基礎にあるということ、大学が住民自治に根を下ろしていることにほかならない。自治体したがって地域住民が自分の手で一定の負担をあえて背負って設置した大学であるという公立大学の基本的性格は、その大学の教員集団はもとより職員集団にも学生集団にも大学の使命とともに地方自治の精神について自覚し、その真価を自主的に発揮すること」と述べています。

私も行政を担当してきたという思いがありまして、そもそも公立大学が憲法でいう地方自治の本旨にもとづいて何をすべきかについて、教員集団も職員集団も学生も自覚したうえで大学を運営しろという論点は、石原都政に対する対抗軸という意味でも、もう一度その原点を問い直すことが必要になってきているんじゃないかと思います。それは平塚さんがおっしゃった、なにを課題にするのか、なにを還元するのか、そのための運営をどうするのか、という問題のたてかたにもつながるのではないでしょうか。そういうものをあらためて問い直し、立て直すということです。

たとえば今、渡辺さんがおっしゃいましたが、実学的な面での関心をもつ都民に向けて、どう課題を設定して、文明工学的に必要な研究や実践課題をやるのかというのは、やはり都立の大学では考えられるべきだと思うんです。それが、ある意味では少なすぎるんじゃないか、もっともっと旺盛にやる状況があってもいいのではないか。逆にそういう成果を都民に宣伝するというか、広める媒体がないのではないか。平塚さんがおっしゃいましたが、先生方の努力も含めて、自分たちがなにをやってきたのかについて本当に都民に知らせる、これは工学でも人文学でもありうると思うのですが、そういう役割をこれからの大学では持つべきなんじゃないかと私は思っています。

大串　沼田先生の言ったことは、柴田徳衛先生が都に出た後か出る頃だと思います。それまでの都立大学は、柴田先生やその周辺の人たち、あるいは法学部の千葉先生や磯村先生などによって、都の地域研究がおこなわれてきていました。沼田先生が言っていたような研究テーマをやってきたことは事実です。沼田先生にはその蓄積があったからこそ言えたんじゃないかと思いますが、問題はその後です。

我々が大学院生のときには、都立大学は東大の植民地じゃないかといって批判したんです。

東大からきて、東大へ戻っていくのが出世コースになっているではないかと。それが一九六〇年代頃の話です。また、先ほど吉田さんから、これまでの都立の大学は、東京の教育・教員問題についてどれだけ関わって来たか、というご発言がありましたが、教育学の場合に即しても、先生方は自分が全国区の仕事をしているのであって、自分の研究の貢献する場所は地方区ではないと考えていたと思います。これは決して教育学に限らないことですが。

●研究の自由と都民に支えられた大学づくり

荒井（都立大学人文系教員）　これは都民の会でよく話されてきたことですが、石原都知事が出てきてからの大学の混乱のなかで、十年後に意味のあることにいまこそ取り組んでおくべきだということが、都民の会での取り組みの出発点だと、わたしは思っています。

そのときに、まず木戸口さんの論点にあった学問の普遍性について確認したいのですが、全国区というか世界レベルでの普遍性を追求することは、公立の大学も含めてどの大学も共通して持っている役割だと思います。でも、それと同時に公立の大学は、渡辺先生の表現でいえば都民から支えられる大学なのだということも、おそらく誰も批判しないと思います。だから、普遍性なのか都民性なのかといった論点設定がされるとしたら、それはおそらく間違っていると思います。

ただし、ここから先が微妙なのだと思いますが、だから、学問の普遍性を支える研究の自由ということと、都民と都民の声に支えられた大学とを実際に両立できるのかという段階になると、いろんな問題が起こると思います。私はこの二つの柱を同時に実現するのが、公立大学としての大事な役割であると、議論を聞いていて思いました。以下、それに関連して何点か述べたいと思います。

ひとつは、平塚さんの表現で言えばテーマ設定に関してです。微妙な言い方でしたが、都民のニーズが多様で政治的なものとして存在しているなかで、それでも、その研究のテーマはやはり、研究的に取り上げるべきだとおっしゃったと思います。このことは、研究の自由にとって決定的に重要です。石原都知事がいくら三百万票あまりをとって、石原都知事が言ったことが都民のニーズで多数派の声であったとしても、研究テーマを選ぶうえでは、今の東京都に本当に必要な研究なのかどうかということは別問題として考えないと、研究の自由がなくなってしまうと思います。

もう少し加えると、これも渡辺先生がおっしゃったことですけれど、学生から質問を受けると、研究テーマの設定の仕方を組みなおさなければならないことが生まれるとありましたが、同じことが、都民からの声をさまざまな形で聞くことによって、あらためて学ぶことは研究者としていろいろあると思います。わたし自身、そういう経験はあるんです。おそらく研究テーマを研究者が選ぶさいの場面設定として、だからあくまでもそれを選ぶのは研究の自由として研究者に任せてもらわないとダメなんですけれど、そのテーマ設定の舞台というのは、公立の大学らしくやることがあり得るし、これがまた、研究の質にも反映するのだろうと思います。それが、都民のためにも意味があり、かつ、普遍性をもったものとなるのではないかと思ったのです。だからテーマ設定の自由と、テーマ設定を豊かにやっていくというイメージは、大事な論点になるのではないかと思いました。

最後にもう一点。結局、都立の大学の運営をどういうふうにやっていくべきかということについては、平塚さんはひじょうに慎重にこれから検討すべきだとおっしゃったと思います。要するに、住民と大学の自由との関係で、住民が大学に関わる権利と責任をどのように設定できるかというのは、これからの検討課題だと。私もこれからの課題だと思っています。都知事に都立の大学がこれだけやられてしまったのは、これまで、都立の大学に関する都民の権利と責任があまりにも検討されてこなかったから、ここまでつっこまれたのだと思っています。ですから、今回の経験をふまえて、十年後の未来のためにも、きちっとした論点をたてる必要があると思います。

そのうえでもうちょっと言うと、しかしながら一貫して三島さんは、都民のニーズというものに慎重で、あくまでも研究の自由を曖昧にしたら、今の石原都知事に勝てないとずっとおっしゃっていると思います。たしかにこれにもリアリティーがあると思います。三島さんの結論は、研究の結果を都民に還元するというところに落ち着かせておられるわけですよね。平塚さんもおっしゃったように、結果を、やっぱり大学側の教員側の責任として、必ずしも都民の実際生活に結びつかないにしろ、つないでいく努力のひとつは、大学の側が担うべきだと。ただ、この点では誰も反対していなくて、たぶん都民の会での、共通の一致点だと思うのですが、問題はやはり、大学の管理運営に、都民あるいは住民がどのような形で関わることを、我々はめざすのかめざさないのかというところが問題なのだと思います。テーマ設定のところについては、実際に都民のいろんな領域の声を聞く場面をつくるというのはありうるだろうと思うし、都市問題研究所をどうみるのかということも密接にかかわってくると思います。

三島　いま話題になっていた、外部へのアピールや成果の還元という話でいえば、先ほどの大串先生の話とも関わりますが、結局都立大学も、とくに文学系にかぎらないかもしれませんが、研究者としてのキャリアアップのひとつのステップという位置づけをされていたという側面を持つことは否めない。ですから地域社会に向けてアピールをする必要はあまり感じない。

それはそれとして、以前からあった問題として指摘する必要はあると思うんですが、しかし、僕は歴史学をやっている人間ですから、教育学とか工学に比べたら実際にあまり役に立たないことをやっていますけれども、その立場からすると、いまここでお話をされていた論理で、首都大学で潰されかかっている文学系が救える論理になるのかどうかというところが僕はすごく気になっていました。たぶん、その論理ではダメかなと思うんですね。他の領域はともかく、文学系は潰されても仕方ないよねという話になっていくような議論をされていたのではないか、と私は聞いたところがありました。

平塚　私はそうは思わないな（笑）。二十一世紀の大学というとき、二十一世紀を生きる知性とはなにかとか、二十一世紀を生きる能力とはなにかということを問うことになると思いますが、その時人文科学的な知がどんな新たな意味と必要を持っているのかということを、やっぱり私たちは証明していかないといけないと思うんですよ。その位置づけ・役割は、二十世紀よりも決して落ちておらず、むしろ私はもっと重要になってきていると思うんですよ。でもそれを、私たち大学人の見識で提起していくことが必要なんじゃないかと。もちろん、文学系の人たちも含めて。それは、明日の生活に役に立つという意味ではなくて、百年二百年を見据えたときに、このようなかたちで今あらたに必要になってきている、重要になってきているということを説明していくある種の責任というのかな、それはあるんじゃないかと思うんです。そこを、抽象的な言い方で、学問を信じてくれ、わかってくれと言うのでは、いまはダメなのではないかと。

三島　もちろん、人文科学的な知が二十一世紀を生きるために必要だということは分かります。そのことをアピールしていく必要がある、ということも同意します。でも、そのことを「だから、文学研究も役に立つのだ」という文脈で語ることには慎重であるべきだ、と言ってるんです。私は、冒頭で申し上げたように、この社会の将来に向けた戦略として、これからの日本社会は多様性を持たなければならない、そのためには人文科学的な知が大切だと思っているわけで、だから文学研究も残すべきだ、と言っているに過ぎません。「役に立つから残すべきだ」

という言い方はしていません。

「都民のため」ということも含めて「役に立つ」という言葉を使うことに慎重であるべきだというのは、やはり石原都知事が三〇〇万票を集めたという現実を前にしているからです。石原氏に票を投じた三〇〇万人が、大学改革を含めて白紙委任したわけではない、ということは事実でしょうが、でも彼が三〇〇万人の支持を集めたということは厳然とした事実です。今回は、その石原氏が、「東京都のために」なるように大学を破壊したわけですが、都議会がそれを後押ししたということも含めて、「都民は、文学研究を不要不急のものと考えている」という言われ方をしているわけです。

先ほどの氏家さんのご発言に引っ掛けて言えば、たしかに公立の大学は地方自治の本旨にもとづいて運営されるべきかもしれませんが、いま直面している問題は、まさにその地方自治の精神にもとづいて、地方自治体の首長と議会が、大学を都のために改造しようとしているということではないでしょうか。つまり、私は、こういう圧倒的な力関係、権力関係が働いている現段階では、「都民の役に立つかどうか」という石原都政と同じ言葉を使って大学改革を論じようとすると、結局は絡め取られて、いま最も守るべきものが守れないという危険性が高いのではないかと思うんですよ。

圧倒的な民意を集めて選出された首長が、非民主的な手法でめちゃくちゃなことをする。都民は彼に何もかも白紙委任したわけじゃないし、彼は政策などよりもむしろ人々の感情を動員するようなやり方で支持を集めたわけですけれど、でも彼は選挙に当選したことによって形式的には正当性を持っている。そして多くの都民も、そういうむちゃくちゃなことをする首長に対して「裏切られた」と感じるのではなくて、どこか既成の秩序の閉塞感を打ち破る「破天荒な英雄」として喝采を叫んでいるところがある。こういう厄介な時代に突入したということを前提において考える必要があるんじゃないでしょうか。私は、だから、石原都政の使っている「役に立つ」という言葉、その同じ言葉を使って自分たちの主張をすることに、とりわけ今は慎重であるべきだと思っています。

（二〇〇六年二月二六日収録）

第3節　まとめ――座談会をうけて

本節では、この座談会を通してわたしたちの間でなにが一致点として確認されたのか、またなにが今後に向けて引き継いでいきたい論点として確認されたのかについて整理し、都立の大学が、都立の大学の名にふさわしい発展をしていくために求められる視点を提起していきたい。

●「都民の会」は何を求めてきたのか

私たち「都民の会」は、本書末尾に掲載した設立趣意書をもって会を設立した。そこにあるように、二〇〇三年八月以降に表面化した、石原都政による一方的な大学改廃の動きに「このままでいいのか」と声をあげ、それに反対する取り組みと世論を広げていくことを会の趣旨としていた。

わたしたちが「このままでいいのか」と考えたのは、その「改革＝大学つぶし」が、大学という場、とりわけ都立の大学改革のあり方として、あまりに不適当な進められ方と方向性をもつものだと考えたからである。

わたしたちが声をあげるのと前後して、またそれに連なって、少なからぬ卒業生・都民が、いまは直接の学内関係者ではないにもかかわらずこの問題に関心を寄せ、さまざまな形で疑問や抗議、怒りの声をあげていった。それは、設立以来都立の大学が培ってきた社会とのつながりの強さ・濃さを表すものに他ならなかった。

都立の大学は、研究教育においても、また大学運営のあり方においても、さまざまな到達と財産を持つ大学であることは疑いない。研究成果の積極的な還元や生涯学習への貢献、あるいは卒業生たちが社会で担っている役割の大きさ等、東京に限るものではないが、しかし少なくとも東京という地域で都立の大学が果たしてきた役割は、きわめて大きなものがある。今わたしたちが、首都大学東京発足後一年あまりたった時点で、あらためて検証し確認すべきは、ひとつには、多くの卒業生や都民をかように動かした、ここまでの都立の大学のつぶされたくない蓄積や財産とは何であったのか、という点であるだろう。

それと同時に、もう一方で私たちは、本章第一節にもあるように、とりわけ九〇年代以降の都立の大学改革の経過の中では、自らの大学のあり方をめぐって、都民の多様な声や要望を必ずしも十分に意識してこなかったのではないか、その点である種の「弱さ」をも抱えていたのではないかとも考えてきた。

大学のここまでの到達や財産が、現在いる大学構成員だけの「もの」ではなく、卒業生やかつて働いた多くの教職員による長年の営為の積み重ねであり、あるいはまた都民による有形無形の支援や期待を背負って形づくられてきたものであることが、現在の大学当事者たちに十分に顧慮されてきただろうかという問いでもある。もとよりわたしたちは、そうした弱点があったとしても、それが都立の大学「つぶし」の原因であったというつもりでは全くない。しかし、いまこの地点に立って二一世紀の大学を展望するにあたっては、ここまでの正の財産を確認することと同時に、ここまでの弱点を確認することもまた不可欠だろうと考えるのである。

わたしたちは、都民の会の活動を通じて、大学改革のプロセスを都民にひらき、大学関係者が都民をはじめとした学外者の声や要望に積極的に耳を傾けることを求めてきた。都立の大学と都民との関係が、一層見えづらくさせられ、また弱められかねない状況の下で、いまいちど両者の関係のあり方を問い直し、都立の大学にふさわしい形で大学を再生していくことを願って、そのためにわたしたちが追求すべき論点を確認するための手がかりとして、今回この座談会を企画した。

内容をお読みいただければ分かるように、私たちは三つの側面から問題を考えていこうとしている。

第一は、都立の大学において、研究教育、とりわけ研究課題・研究内容はどのように決められるべきか、という問題である。

第二は、研究成果の還元、あるいは大学教育の都民への公開は、どのような形で行われるべきかという問題である。

第三は、公立・自治体立の大学にふさわしい大学運営のあり方とはどのようなものか、という問題である。

(1) なにを研究し、なにを教育すべきか?

第一の論点は、従来「大学自治」に関わる根幹の問題として扱われてきた。従って、学外の者たちがこの問題を論じることは、大学自治に対する侵害と映るかもしれない。しかしわたしたちは、二〇〇四年に発行したパンフレットで、都立の大学の研究教育に関して次のような提言を行っている。

① 長期不況に苦しむ都民がかかえる切実な課題、たとえば中小企業の経営改善の問題や、

若年労働者の雇用支援などの課題に積極的に取り組むこと。

② 増加する児童虐待など、子育てに関わるさまざまな不安や困難を緩和し、都民が安心して子育てができるような支援制度をつくることに貢献すること。

③ 水質汚濁・土壌汚染・大気汚染など、広がり続ける環境の悪化について、問題解決に寄与しうるような研究成果を積極的に還元すること。

都立の大学は、都民の直面するさまざまな社会問題を、積極的に研究・教育の課題として引き受けるべきだという論点を提示したわけである。

もちろん都立の大学で、これまでこのような課題に取り組んでこなかったのではなく、私たちは「都民の会」の活動を通して、都立の大学のそこここで、都民の直面する課題に関する研究が長年地道に続けられてきていることもあらたに知ることができた。むしろ、そのような研究蓄積について、これまで都民に十分知られていなかったことこそが、今後に向けたひとつの課題といえるだろう。

しかしもう一方で、こうした研究の蓄積は総じて各研究者の個人的な営為に委ねられ、全体で共有された価値観や理念としては必ずしも継承されてこなかったのではないかとも考えられる。そのことで、都立の大学と都民との間の距離が、時間の経過の中で少しずつ広がっていったのではないか、ということである。

ただし、ここにはもう一つむずかしい問題がある。いま述べてきたような、都民の抱える生活課題、社会問題への取り組みを大学に期待することと、研究の自由・自律性との関係をどのように考えるか、という点である。誤解のないように付け加えると、わたしたちは、都民が個々の大学教員の研究内容を統制すべきだと考えるわけではない。研究の本質が真理の探究にある以上、研究内容の決定とその追究が、研究者（集団）の自律的な営みとして保障されなければならないことも言うまでもない。

とりわけいま、都立の大学には「都民のニーズ」に応えよとの要請が浴びせられているのだが、その「都民（社会）のニーズ」とは、都市の産業競争力の強化など、ごく一部の限られた分野・階層からの要請に他ならない。「都民のニーズ」は、当の「都民」からも遠ざけられ、一部の為政者によってその内容が専一的に決められている。このような恣意的「都民の声」に研究・教育の場が右往左往されてはならない。

さらにいえば、（「国家」という枠組みで考えることの是非はひとまず置くとして）この国や社会が二一世紀の世界を生き抜いていこうとするならば、そのように一元的な価値観ではなく、むしろ従来以上に多元的な価値観の共存こそが求められていると言わなければならない。今日の日本、そしてその日本最大の都市である東京都の大学が果すべき役割は、そのような多様性の創出にこそある。価値観の一元化と短期的利潤の追求は、戦略としても戦術としても間違っている。

この第一の論点について、今回の座談会で十分な合意と結論を得たわけではない。しかし緩やかに確認されたと考えられるのは、学問研究・教育のあり方をめぐって、研究にとっては素人であり、同時に生活者・労働者である都民・国民と対話し応答していくプロセスを、大学、とりわけ都立の大学にふさわしい形で、今後も試み、追求し続けてほしいということである。それぞれの学問分野・研究領域で積み重ねられている成果や到達が、人間が生きていく中で、あるいは文化全体の中でどのように位置づき、人間の生活や精神をどのように豊かにしていくのか、そのことが、それぞれの分野においてひとつの重要な問いとして共有されること。ほんとうの意味で社会の期待と信託に応える研究教育の内容とは、そのような息長く根気強い取り組みの中でこそつくり上げられていくのではないだろうか。

そしてもうひとつは、そうした応答的な研究・教育のあり方と矛盾しないかたちで、研究や教育の自律性や自治のあり方をあらためてどう掘り下げていくか、についても論じ続けていく必要がある。専門職的世界の権威がすべからく揺らいでいるいま、従来からの大学自治や教授会自治から一歩掘り下げて、社会に向けてより説得力のある専門職としての自律性や自治を構築し直していくことが、大学人に課せられているのではないだろうか。

(2) 研究成果を社会にどう生かすか?

第二の論点は、研究成果を社会にどう生かしていくかという問題である。座談会では、「文明」

における貢献と「文化」における貢献、その両面を追求しつくり出していくことが、これからの大学にとって必要だという視点が出された。この点は、おそらくその場にいた者たちの総意であろう。

この点ではあらためて、都立大学前総長の茂木俊彦氏が、総長時代に発表した文章の中で、二〇〇三年に亡くなった都立大学のドイツ文学の教員の方の発言を紹介し「文学は人間にとって何なのだろうか。僕は最近になってようやく分かったような気がするのだよ。文学は人間が生きる、そのための実学なのだね」と書いていることを想起したい（茂木俊彦「首都大学東京にひそむ陥穽」）。自分自身が生きていくことの意味は何か、なぜこのようなしんどさを抱えて生きていかなければならないのだろうかという問いは、「都民」に限らず、人が生きていく中で共通に感じる疑問だろう。そのような疑問や思い、あるいは経験を、自分ひとりの事柄としてではなく、より普遍的な文脈とつなげてとらえ直す視点を提供することもまた、学問の持つ重要な役割である。

わたしたちが話を聞き及んだ、都立大学で学んだある大学院生は、学部時代に、英文学の授業である黒人女性作家の作品を読んだ時の体験について次のように振り返っている。「辞書を引いてもよくわからない描写を教員や他の学生の訳を頼りに読み解いていく作業は、しんどかったが興奮した。外国語の文献を読むことは、他者にたいする想像力を豊かにすることだと感じた。」

彼女は、そのような体験を通じて、作品で描かれている黒人女性の内面的葛藤を、自分自身の生育歴の中で感じていたしんどさや、まわりの人たちが感じている「生きづらさ」と、重ね合わせてとらえ直す視点を得たこと、それは「目からうろこが落ちるような思いだった」と書いている。このような学問との出会いを、広範な学生や都民に提供していくということもまた、ひとつの重要な「社会的貢献」ではないだろうか。

現在多くの大学が、産学協同や政策的プロジェクトへの関与を「社会的貢献」「研究成果の還元」として位置づけ、そこに大学の研究教育資源を重点的に配分しようとしている。それらの貢献も一面では必要だろう。しかし経済・産業への貢献や政策形成への関与は、学問がなし得る貢献の、（重要ではあるが）一部分に過ぎないことの自覚もまた必要ではなかろうか。「社会的なニーズ」の名のもとでどのような人たちのニーズが、より多く満たされ、どのような人たちのニーズが、見落とされがちなのか、そのことを絶えず問い直していくことのできる知性を育む源泉となり、そうした知性に誰もが自由に接近し活用できる場となることもまた、大学の本質的な役割であることを強調しておきたい。

（３）都民は大学運営の当事者たりえるか？

これまで「都民の会」でも繰り返し論じられてきたのは、第三の「都立の大学にふさわしい大学運営のあり方とはどのようなものか」という論点である。

二〇〇三年からの、都立四大学改革をめぐる運動の大きな到達のひとつは、大学改革について、学外者である都民（卒業生）や全国の大学関係者が声をあげ、積極的・継続的にこの問題について発言し続け、同時に、そうした学外からの働きかけを、学内のさまざまな運動・団体が誠実に受け止め、学外関係者と学内の運動・団体との間で、広範な交流や連携が広がったことにあるとわたしたちは考えている。都立の大学が都民にひらかれた大学として発展していくためにも、これまでの運動の中で広がった学外と学内の関係を、引き続き維持し、強化していくことがいま求められている。

しかし「学内」と「学外」との交流や連携は、同時にさまざまな戸惑いや葛藤を含むものでもあった。私たちの活動においても、学内との「連携」は一貫して大きな問題であった。運動の局面局面で異なる学内からの期待と、私たちの活動との間にはしばしば齟齬もあり、時にはその中で会そのものが運動の方向性を見失い、活動を停滞させたこともあった。また学内関係者の中には、学外からの支援への期待はあっても、学外者たちが、とりわけ研究教育や大学運営のあり方に関して発言することについては、従来からの「大学自治」の立場から疑問を抱く場合もあったと考えられる。

ここで私たちは、過去の経過について誰かを指弾しようとしているのではない。そうした葛藤や模索も含めて、都立四大学の改廃をめぐる経緯の中で、私たちは「都民」もまた大学運営の当事者たりえるか、またそうだとしたらそれはどのような権利と責任をともなうものとなるのか、という論点を提起し続けたいと考えるのである。

わたしたち「都民」は納税者として、大学の設立と運営に関わってきている。あるいは卒業生であれば、より積極的に都立の大学の研究・教育の担い手として、あるいは大学自治の担い手として、都立の大学が現在ここにあるような到達と財産の形成と継承に当事者として関わってきている。また、財政的な担い手、歴史的な担い手ではなくても、なによりも都政の主権者として、わたしたち都民は、都立の大学が自分たちの生活と文化を豊かにすることへの期待を持って、有形無形の支持を寄せている。そのような当事者として、私たちは「都立大学問題」に関わろうとしてきたのである。

首都大学東京発足後、「都立大学問題」は、一見すると「終結」し、学内の動向も沈静化したかの様な印象がつくられている。しかし現実には、これまで見てきたように、大学の管理運営体制の問題や任期制・年俸制など教職員の労働条件に関わる問題、あるいは学生・院生の研究教育条件の劣悪化など、発足後一年を経て、さまざまな問題が明らかになっている。しかし、それらの問題を含めた都立の大学の現状は、学外に十分知られているとは言い難い。そればかりか、学内当事者による研究教育条件改善の地道な取り組みや、学生・院生による困難打開に向けたねばり強い努力があることについても、正当な評価と関心が寄せられていないという現状がある。

そのような状況であればこそ、新しい大学はどのような状況にあるのか、その中で学内当事者は問題をどのように解決し、そのことによってどのような方向に大学を作り替えていこうとするのか、そういった事柄について学内からの積極的な発信を求めたいし、そうした発信や相互交流を通じて、私たちもまた自分たちのネットワークを通じて、都立の大学の現状を伝えるとともに、相互の自主性を尊重する形での連携や共同の取り組みを模索していきたいと考えている。

私たちは、これからも都立の大学の動向に関心を寄せるとともに、望ましい都立の大学のあり方について、積極的に評価・要望・提案を行っていく。そしてそのことを通じて、学生・院生・教職員など学内当事者の研究教育条件改善の取り組みや、新しい大学づくりに向けた努力を支え、励ましていきたい。そのためにもわたしたちは「都民」もまた大学問題の正当な「当事者」であることを訴え続け、その当事者の意思を何らかの形で反映できるような大学運営のあり方を、大学関係者とともに構想していきたいと思う。

●都立の大学問題と東京で起きている事柄のつながり

最後に、座談会では十分論じられなかった点に言及して締めくくりとしたい。

私たちは、都民の会の活動の中で、二〇〇三年八月を起点とする「都立の大学問題」は、現在の都政の下で起きているさまざまな事態と同じ根を持つ問題であると一貫して考えてきた。石原都政による強権的な「改革」や一方的な施策の押しつけによって、小・中・高の教職員・

父母・生徒、あるいは医療・福祉関係者、そして何よりさまざまな場の当事者であるはずの広範な都民は、多くの不利益を強いられている。発言の機会や意見を反映する事のできる場を奪われ、自由にものが言えなくなる状況がつくられている。「都立の大学問題」は、まさにこのような都政の延長線上に起きた問題であった。

同時に指摘したいのは、都政という政治的なレベルだけではなく、経済的・文化的な意味でも、都立の大学で起きている事柄は東京という地域で起きている事態と深い関わりを持っているということである。たとえば座談会で指摘したように、いまある大学の「資源」を、都市間競争力の強化のために根こそぎ動員し、これまで積み上げられてきた都立の大学の研究教育上の蓄積を使い果たしてしまうような大学「改革」の動向は、働く人々に、常に「即戦力」であるか「使い捨てができる存在」となることを求めるような社会状況と無関係ではないだろう。短期的な経済利益の向上のために、人もモノも、あるいは文化・教育や学問も「社会的要請」に即応すること、ないしは文字通り「使い捨てられる」ことを強いられる。時間と手間をかけて育てられ、蓄えられることがないような社会の下で、大学だけが自由な研究教育を享受できるということはあり得ない。東京という地域でとりわけ激しさを増しているこのような社会状況と、大学問題をどのように切り結んでいくかという視点も、わたしたちは持ち続けていかねばならないだろう。

たとえば、都立の大学は拡大する経済格差の中で、どのように教育の機会均等を守っていけるだろうか。さまざまな社会的貧困や階層格差の「固定化」が大きな社会問題になっている状況の下で、高等教育機関は、ここまで長らく棚上げされてきた無償化の論点も含んで、「教育の平等」という問題に真剣に取り組まなければならない。都立の大学も含めて、大学財政が、学生の納付金に少なからず依存している状況では、その実現が容易でないことはたしかである。しかし少なくとも「働く学生」や「経済的なハンディを背負っている若者」に対して門戸を開くような取り組み・制度を導入することを、都立の大学は改めて考える必要がある。それはまた人やモノ、文化や学問を「使い捨て」にするような社会状況に対する異議申し立てでもあるはずである。

都立の大学では、これまでB類（夜間部）・短大夜間部で、働く学生を積極的に受け入れてきた。この蓄積を新大学の実状に相応しい形でどのように継承していくのか、そのことを今後の大学づくりに向けた重要な論点として、最後に改めて強調しておきたい。

私たちはこれまでの活動の中で、都政のさまざまな分野で不利益をこうむっている人たちと共同しながら、東京都に対して、一方的な「改革」や「リストラ」をただちにやめること、大学・学校・病院などそれぞれの場の当事者の声を尊重した政策づくりをしていくことを求めてきたし、そのスタンスはこれからも変わらない。そして、都立の大学が、東京という地域で、生活上のさまざまな困難に直面しながら、日々を必死に生き抜いている人たちにとって、本当の意味で「役に立つ」ような存在となっていくこと、その生活を少しでも豊かにする環境となっていくことを願っている。私たちの「黒書」が、そのような「都立の大学」をつくりあげていく取り組みにとって、少しでも役立つものとなればまことに幸いである。

あとがき

私は東京都立大学の第一期生として入学した。

敗戦から四年目で、日本は荒れ果てており、学用品も不足し、食料の不足はなお続いていて、みんなが貧しかったけれど、生きることへのあふれるような希望と実感があった。

それというのも、それまでのわずか二〇年足らずの人生のうち一五年間を、戦争の暗い記憶と死の危険に押し潰されていたからである。

終戦は帝国日本の敗北であると同時に平和と解放の幕開けだった。

平和・国民主権、人権・自由・平等が眩しかった。

学生は戦争中、国家総動員法・勤労動員令によって授業の代わりに軍需工場へ動員され、軍隊への志願を強要され、空襲の恐怖に曝されていた。

それらから解放されて、勉学ができる喜びと希望があり、女子学生は、初めて大学進学の機会が開かれて輝いていた。

教職員も戦前の学問への干渉や、思想弾圧を経験されており、戦場や軍務から学園に還ってこられた。戦傷者もおられた。

都立大学では、教職員も学生も、学部や学科・研究室の枠を超えて自由に交流していた。研究や授業でも、課外活動の面でもそれは当たり前のことであった。人文学部（目黒）から遠く離れた工学部（鮫洲）の校舎で、夜間、ギリシア語の勉強サークルが開かれ、先生は工学部の事務職員だったりした。

さらに枠を超えた交流の談論は、研究室、教授宅、喫茶店や居酒屋でもおこなわれ、夜の更けるのを忘れた。

これが私たちの人間形成と人間関係の形成に大いに役立ったと思う。

この、枠を超えた恩師・学友との交流は、卒業後、五〇余年を経たいまでも続いている。

こうして教職員と学生は、平和と学園の自治、学問の自由の尊さを痛感する体験を共有していたので、それを脅かす動きには敏感で全学一致してたたかった。もちろん、一致といっても、それぞれの立場があり、いろいろな意見、温度差がその時々にあったが、真剣に共通項を見つける努力を重ね、立場の差を超えた協力と信頼を築いて、それが力となった。

レッドパージ反対闘争では占領軍総司令部の圧力に抗して自治を貫き、破壊活動防止法反対闘争では、のちに総長になられた沼田稲次郎教授が各教室を回って学生の運動を激励された。六〇年安保では、教職員と学生が一緒にデモ行進のスクラムを組んだ。そのほかにも阿部教授復職運動など、都立大学には総長・教職員・学生が協力して取り組んだ歴史と伝統がある。私は、平和と民主主義を守るために、右傾化に対して戦った都立大の伝統を誇りに思っている。

今また、二〇〇三年八月の「衝撃」以来、茂木総長声明を契機に日比谷集会など、何十回目かの波を立ち上げた。

今回の石原「改革」は、決して彼の一風変わった個性によるものではなく、都立高校の「日の丸・君が代」問題、その背景の憲法・教育基本法「改正」問題、さらにその背後にある米軍世界戦略の再編成問題という、国内・国際の政治・経済・軍事情勢の一環として捉えるべきものである。日本の世相は、ますますかつての「戦前」の様相を深めてきたかのように見える。

それだけに、首都大学東京問題の推移は悔しく、個人的には、脳力・体力が衰えて何の役にも立てない口惜しさを抱えながら、せめて「枯れ木も山の賑わい」と世話人会に出席している。

一方、世界的には軍事大国とそれに追従する日本が孤立するような平和運動のうねりも、かつてないほど広がっている。それも見て連帯を強める必要がある。

最近、ちょっと愉快に思ったことがある。

それは、一期卒のある女性が、米国の友人から平和問題に関連したＶＴＲを贈られたことに端を発する。それをなんとか広く世に紹介したいという相談が昔仲間にあり、翻訳や背景の裏づけ調査、科学的事実の検証と著作権問題の処理、ＤＶＤ化と多岐にわたる作業が生じたのであるが、集まった顔ぶれは人文・理・工と当時の全学部出身を網羅していた。博士たちもいるし、錚々たるメンバーに不足はない。

中には卒業以来久々の電話一本が、協力の二つ返事と言うこともあった。それが学部・学年を超えてのことだから、つくづく有難いと思った。

さらに別の一期生（女性・故人）の娘さん（欧州に在住）からの協力も得られることになった。欧州で自宅を開放して平和資料センターとし、世界中と交流しているという。

まさに、半世紀の時間と学部・学年・性別・世代・空間を超えた絆が、今に生きている。最初は不思議な縁だなと思ったのだが、都立大の仲間ではちっとも不思議ではないと思い至った。

欧州平和資料センターの名は、"Seeds Beneath the Snow"（雪の下の種）という。

二〇〇六年八月一三日

「都立の大学を考える都民の会」・都立大学工学部二期卒　狩谷昌胤

文献リスト（本文中で直接言及したもののみ）

茂木俊彦『都立大学に何が起きたのか』（岩波ブックレット六六〇号、岩波書店、二〇〇五年）
東京都立大学・短期大学教職員組合・新首都圏ネットワーク編『都立大学はどうなる』（花伝社、二〇〇四年）
大住荘四郎『ニュー・パブリック・マネジメント』（日本評論社、一九九九年）
進藤兵「ニュー・パブリック・マネジメント論議の批判的検討」（自治労連都職労・都区行財政対策委員会編『ニュー・パブリック・マネジメント（ＮＰＭ）批判的入門』、東京自治問題研究所、二〇〇三年）
大嶽秀夫『日本型ポピュリズム』（中公新書、中央公論新社、二〇〇三年）
竹内洋『教養主義の没落』（中公新書、中央公論新社、二〇〇三年）
竹内洋『丸山真男の時代』（中公新書、中央公論新社、二〇〇五年）
小沢弘明「『構造改革』と大学」（『世界』二〇〇二年一二月号）
内田穣吉・佐野豊共編『公立大学――その現状と課題』（日本評論社、一九八三年）
茂木俊彦「首都大学東京にひそむ陥穽」（『日本の論点二〇〇五』、文藝春秋、二〇〇四年）

「都立の大学を考える都民の会」設立趣意書

二〇〇三年八月以降、都立の大学をめぐる動きは大きく変わってきました。東京都の大学管理本部は、これまで都立大学と大学管理本部との間で積み重ねてきた議論や合意を一方的に破棄し、「新しいタイプの大学づくり」を強行に進めようとしています。

私たちは、現在のような「大学改革」の進め方に、都民として強い憤りを感じています。このように強引で非民主的な「改革」の進め方に、私たちは反対します。

もちろん私たちは、都立の大学が、現状のままでよいと考えているわけではありません。改革のプロセスがもっと都民に開かれること、その中で都民の声に大学は誠実に耳を傾けて欲しいという思いを持っています。

しかし現在進められている「改革」は、「都民の声」を口実に進められながら、その実都民の声を全く無視して進められています。都立の大学に対する本当の「都民の声」はどのようなものなのか、そのことを私たちは、様々な立場の都民と共に丁寧に考えていきたいと思います。そのためにも、現在の東京都による一方的な「改革」を押しとどめる必要があります。

私たちは、都立の大学に、将来に対する様々な不安を抱えながらも、学問研究への取り組みを通じて社会に貢献しようとしている教員や院生、あるいは大学での学びを通じて自分自身の生き方を模索しようとしている学生、毎日の事務作業を通じて大学を支えている職員がいることも知っています。彼らはそれぞれの立場から、都立の大学を守るために様々な取り組みをしています。私たちはこのような取り組みを大学の外から応援していくとともに、都民として率直に現在の大学に対する意見・要望を伝え、都立の大学を真に「都民のための大学」とするための取り組みを進めていきたいと考えています。

二〇〇三年一一月一日

都立の大学を考える都民の会

東京都による都立の大学「改革」の進め方に憂慮する都民・市民が集まって、2003年11月1日に設立。以来、都立4大学の教員・職員・学生・院生、多くのOB・OG、さらには全国の国公私立の大学関係者と連携して、東京都の横暴な「改革」に対して、粘り強く運動を進めてきた。

HPアドレス　http://www.geocities.co.jp/CollegeLife-Lounge/3113/
メールアドレス　ganbare_toritudai@yahoo.co.jp

世界のどこにもない大学——首都大学東京黒書

2006年9月25日　初版第1刷発行

著者 ——都立の大学を考える都民の会
発行者 —平田　勝
発行 ——花伝社
発売 ——共栄書房
〒101-0065　東京都千代田区西神田2-7-6 川合ビル
電話　03-3263-3813
FAX　03-3239-8272
E-mail　kadensha@muf.biglobe.ne.jp
URL　http：//www1.biz.biglobe.ne.jp/~kadensha
振替 ——00140-6-59661
装幀 ——神田程史
印刷・製本 —株式会社シナノ

ISBN4-7634-0477-6 C0036